北京大学刑事法治研究中心
北京大学犯罪问题研究中心
华东政法大学《法学》编辑部
北京市盈科律师事务所

共同出品

刑法新青年

因果关系的理论与实务

全国青年刑法学者实务论坛（二）

车　浩　于改之　主　编

马寅翔　赵春雨　副主编

北京大学出版社

PEKING UNIVERSITY PRESS

"刑法新青年"总序

让青年学者的光芒被看见

1949 年中华人民共和国成立以来，历经几代学者的艰辛探索，累积几代学者的卓越贡献，刑法学在构建理论和指导实践两个维度，均取得了长足进步，但近年来也都开始面临瓶颈。一方面，一些源于实践但未能提升的经验性知识难脱碎片化和常识性，不能满足理论体系化和纵深发展的内在需求。另一方面，中国社会每年有数百万起刑事案件，疑难复杂问题层出不穷，司法前线亟须理论驰援。然失之于粗疏的传统学说无力应战，解释力捉襟见肘，说服力常显不足。当代中国刑法学在前进中，逐渐抵达旧有研究范式的边界。

突破边界的希望在青年刑法学者身上。青年代表着活力和创新。青年时期的作品未必成熟，却是一个学者最有锐气和激情的探索，预示着一个学科临界知识的裂变，遥见个人未来学术巅峰的气象。立足于前辈学者积累的传统，受益于学术开放的新风，当代青年刑法学者起点更高，比较法的视野更加开阔，学术训练更加规范，是深耕概念体系和探索前沿法理、促进刑法理论纵深发展的先锋。

不仅在理论发展上，青年学者还被寄托了沟通实践的希望。刑法理论面对的，固然有所有时代共同面临的深刻的哲学和伦理问题，但与时俱变的实定法底色，决定了它更需要面对当下时代最紧迫的社会问题。在这个意义上，部门法理论有着独特的任务，它不能"躲进小楼成一统"，成为仅供同道中人哲思之乐的逻辑游戏，更不是移植国外理论亦步亦趋的"留声机"，它必须为本国的司法实践提供解决具体问题的理论方案。有更多机会接触到各国先进刑法理论与判例经验的青年学者，也有更大的责任推动理论的本土化与实务化。这不仅是中国刑法学实现学术自主的必由之路，也是青年刑法学者不能回避的学术使命和社会责任。

尽管青年学者有诸多重要角色和使命，当下学界的生态，却往往是青年学者处在"出头不易""不被看见"的窘境。大多数时候，他们的光芒都被遮蔽了。一方面，学者的研究成果多以论文形式面世，各种职称评定、学术评奖也常与论文挂钩，因此，论文发表对青年学者至关重要。但是，法学期刊版面有限、僧多粥少，发表殊为不易。对于要处理海量来稿的编辑而言，以声誉背书的名家稿件，确实会占据一些降低选检成本的优势。与之相比，尚未成名的青年学者的稿件，只能纯粹依靠论文水准比其他人明显高出一筹，才可能得到编辑的青睐，其难度可想而知，也常导致一些优秀的论文成为遗珠。

另一方面，各种会议、论坛、沙龙，是学者之间交流思想、切磋经验甚至华山论剑的重要机会，但是绝大部分青年学者在这些场合很难出头露面，而只能充当听众和分母。在学界与实务界的沟通上也是如此。无论是立法、司法活动还是律师、法务实务，往往将橄榄枝递向了名家大咖。青年学者很少有了解实践中的真问题和经验智慧的渠道。很多青年学者的文章被批评"翻译腔""不接地气""只会谈外国问题"，其中也有接触实践的机会太少的原因。即使一些研究成果确实为实践中的难点提出了较之一些名家观点更有解释力的方案，但同样是因为知名度的原因而人微言轻,不被实务工作者得知或重视。在一定程度上,这又反过来进一步驱使青年学者远离本土实践,因为只有在那个更加趋向纯粹思辨的封闭的概念世界中,青年学者才能为自身及其研究找到存在的意义。

这种论资排辈的沉闷风气应该破除了。打造一个真正以青年刑法学者为主角的学术舞台,让学界和实务界更多地看见青年之光,这就是"刑法新青年"系列学术活动的追求。按照目前的想法,它包括"全国青年刑法学者实务论坛"与"全国青年刑法学者在线讲座"两个系列。线下的"实务论坛"定位在理论与实务的贯通,围绕实务争点,鼓励青年学者运用理论滋养实践需求,也用实践智慧反哺自身的学术研究。线上的"在线讲座"旨在展现青年学者最新的理论探索,鼓励青年学者把个人独思所得的成果,通过在线方式更广泛地传播,使得同道之间有更多相互砥砺的机会,腹心相照,声气相求。"刑法新青年"的这两个系列活动,虽然在理论和实务方面各有侧重,但是共同点在于,它们没有地域之别,也没有门户之见,是专门为全国青年刑法学者量身打造,为全国青年刑法学者一身专属的。

既然是青年学者的活动,就要有青年活动的样子。我寄希望于通过"刑法新青年"的系列活动,开辟"宽严相济"的会议新风。一方面,充分体现对青年学者的礼遇,让青年学者参加学术活动时感受到被尊重。论坛和讲座均采取邀请制,所有受邀者参加活动的费用,包括参加现场会议的交通和食宿费用,以及参加线上讲座的主讲和评议费用,都由邀请方负责解决。另一方面,从一开始就约定现场办会的规则:(1)所有参会者自行到会和离会,除年长的前辈或者特殊情形外,承办单位一律不安排接送事宜。(2)会场没有事先摆放座位顺序,而是由参会者入场前领取自己的座签,入场后随意就座。所有办过会的人都深知,这些细节实是令办会者头疼和费心的事务，有时看似安排得周到妥帖，实际上办会师生的精力都投入其中，很难再有时间坐下来听会学习。长此以往，办会负担令人生畏，学术会议也减弱了其中的学术性。因此，革新会风，不妨就从青年学者的会议开始。

帮助比自己更年轻的青年学者，让他们的光芒被看见，有此想法时，我刚过四十。虽然我也明白，在这个年龄未必适合做这种事情，因为把时间和精力投入自己的研究著述中，对一个学者来说才是最符合学术规划也收益最大的选择；况且办活动总是要协调各种关系，这对于不善社交的我来说也是个负担。不过，世事无常，回头去看，很多事情都难讲是理性构建、循序渐进的产物，而是自生自发、随缘流转的因果。尽管"青年"的年龄边界在当代观念中一再扩大，但我个人心态上早有浮生苦短之感。人生无根蒂，飘如陌上尘。及时当勉励，岁月不待人。立言杀敌，行乐积善，都当及时。我体会过青年学者刚出道时的不易，也曾受惠于前辈学者的厚爱提携，当因缘到来时，就不再犹豫。"天下事，在局外呐喊议论，总是无益，必须躬身入局，挺膺负责，乃有成事之可冀。"（曾国藩：《挺经》）

北京市盈科律师事务所襄助学术的热情，特别是对青年主题的高度认同，就是我决意起身立行的因缘。赵春雨律师是一位杰出的职业女性，正是在与她的交流中，实务论坛和在线讲座雏形初现。她的爽朗、细腻和大气，让双方的合作愉快顺畅。梅向荣主任的鼎力支持，也让我感受到盈科所的格局和诚意。盈科所青年律师人数众多，朝气蓬勃，恰好能够与"青年与实务"的主题呼应。我关于实务论坛和在线讲座的具体设计方案，以及全方位资助青年学者参加活动的希冀，得到了盈科所积极热情的回应和支持。没有盈科所的参与，在我脑海中的那些想法，至少还要继续徘徊更长的时间才能落地。这是值得感念的因缘际会。

　　感谢刑法学界的前辈老师。没有前人开风气和指引方向，再有活力的青年，也可能是在走回头路甚至南辕北辙。特别是陈兴良老师宽以待人、乐于奖掖的风范对我影响很大，创办青年主题的学术活动，也得到了他的鼓励和支持。感谢应邀与会的诸多学界同道，作为已经成长起来的学界中坚，愿意来为更加年轻的学者站台鼓掌，甘当绿叶陪衬红花，这是行胜于言的友爱传递。感谢应邀与会的诸多期刊编辑老师，他们的主持和点评，使得这些青年论坛和讲座，在某种意义上成为一场针对青年刑法学者及其最新研究成果的"选秀大会"。感谢来自司法机关和律师事务所的实务界的朋友，没有他们的积极参与，"实务论坛"就会名实不符，落入那种由理论空唱独角戏的传统会议的窠臼中。感谢北京大学出版社特别是编辑杨玉洁女士的友情支持，"刑法新青年"的文字成果，包括实务论坛与在线讲座两个系列，都将以精美的装帧陆续出版面世。

　　"刑法新青年"是一座由学界、实务界、期刊和图书出版界齐心协力共同打造的学术舞台。台下的观众，有资深的前辈和中坚，有各大期刊和出版社的编辑，有公检法律的实务专家，而舞台上的主角，一直都是青年刑法学者。谁都年轻过，谁也不会永远年轻。时光流转，代际更迭，我希望这个舞台能够在接力中持续下去，它将永远属于青年一代。

车　浩

2021 年 4 月 4 日

于京西见山居

序一
风好正扬帆

2021 年 4 月 11 日中午，第二届全国青年刑法学者实务论坛在上海顺利闭幕。在论坛会议实录即将付梓之际，承蒙本届论坛组织者车浩教授、于改之教授关照，我得以写下人生第一篇序，与有荣焉。实际上，举办本届论坛也是我首次参与大型学术会议的具体操办工作，自然感触颇多，借此机会撰写出来，通过记录办会过程和我的心路历程，侧面展示论坛对一名青年刑法学者所可能具有的深远影响。

论文发表，对于学者的重要性毋庸赘言。当前刑法学论文发表的形势对青年学者而言无疑是难言乐观的。十多年前，以博士生身份在核心期刊上发表论文尚非罕事。现如今，在和学界年轻同人交流时，大家无不感慨论文发表之多艰，只得"且发且珍惜"。对年轻学者而言，一篇文章投出去后，要么文章石沉大海，要么时隔很久作者才收到退稿通知，而且基本上不会收到退稿理由。偶有一篇文章得以发表，那简直如中大奖一般，值得学界好友在微信朋友圈转发庆祝，并以此作为继续写作下去的动力。

文章难发的同时，晋升考核压力却不降反升。究其原因，无外乎僧多粥少，导致同一单位的年轻学者之间只能疯狂"内卷"，以往评选正高的成果，现在可能只将将够评选副高。与此同时，虽然被称作青年学者，人却往往已到中年，"青椒""儿女""丈夫/妻子""父亲/母亲"，多重社会角色加身，冲突无可避免。重压之下，为数不少的青年学者选择向生活妥协，一旦评上副高，便开始"为稻粱谋"，将主要精力放在兼职工作上。少数选择坚守学术的青年学者，除极少数家境殷实的外，在高企的生活成本与微薄的工资收入之间，生存艰难。不少青年学者不得不牺牲学术研究的专长性、体系性和持续性，一味"追热点""写快文"，以求成为"高产作者"，从此"一举成名天下闻"。而能做到这一点的青年学者，也不过是凤毛麟角。大多数青年学者纵使不乏创见，也只能寂寂无名。

是时候改变这种状况了！

正是在这种学术使命感的召唤下，车浩教授首开会议风气之先，一手组织发起了全国青年刑法学者实务论坛。正如车浩教授在总序中所说的那样，他之所以发起该论坛，是希望中国青年刑法学者的光芒能够被更多人看见，可以有更为广袤的空间施展个人抱负，为中国刑法学的发展贡献更多的光和热。为此，论坛邀请了众多学界前辈、资深编辑、实务精英参与议程，为众多青年刑法学者提供了绝佳的展现自我风采的机会。这无疑体现了车浩教授致力于推动中国刑法学研究革新的良苦用心。

首届论坛举办以后大获成功，论坛已经成为一个学术品牌。诚然，即便如此，仅凭举办该论坛，根本不可能打破当前论文发表更偏爱名家的局面。然而，谁又曾说过论坛就是为了帮助青年学者发表论文而举办呢？的确，如果一位青年学者因参与论坛活动而得以在论文发表方面"多收了三五斗"，固然可喜可贺，然而，这种个体层面的成功终究意义有限。中国刑法学如欲取得整体性突破，作出世界性贡献，势必要倚仗全体学者勠力同心，共同奋斗。就此而言，个人的学术研究必须要有共同体情怀，与共同体的命运休戚与共。在这方面，全国青年刑法学者实务论坛虽然是在助力一位位青年学者走向高远，但其功能却绝非仅限于此。首先，对于广大的青年刑法学者而言，论坛的举办无疑能够增强他们的学术定力，使其坚信只要足够努力，一身才华总有机会被看见。其次，对于整个刑法学界而言，青年学者们脆弱的学术生存状态得以被正视，而正视恰是问题走向改善的起点，是共同体学术研究得以吐故纳新的开端。最后，对于包括刑事司法实务界和刑辩律师界在内的全体刑事法共同体而言，论坛持续围绕本土实务问题展开深入交流，对于改变"理论与实务两张皮"的尴尬局面，促进刑法学研究的本土化、刑事司法活动的法治化，无疑也可以作出相当程度的贡献。

为确保上述功能得以实现，论坛自首届开始，便确立了"以实务问题研究为导向""不拘泥青年学者人选""不搞论资排辈"的办会风格。在本届论坛筹备过程中，一方面，在车浩教授的提议下，经论坛筹委会成员共同商议，第二届论坛的主题最终被确定为"因果关系的理论与实务"，并分别将"人身犯罪的因果关系"和"职务犯罪的因果关系"作为具体议题。另一方面，车浩教授在筹委会工作群中始终强调要打破门户之见，不拘一格，根据论文质量、学术口碑确定发言人选，避免将会议办成"小圈子""几人行"。基于这一选人标准，论坛筹委会最终确定了14位青年学者以发言人或评议人的身份参与本届论坛，其中不乏以讲师身份首次亮相者，充分体现了论坛的开放包容。

在这里，尤为值得提及的是，在确定报告人和评议人的人选过程中，车浩教授和于改之教授充分听取了众多青年学者的想法，其间展现的对于青年学者所提意见的尊重，令人感动。而为了便于对外开展交往，同时也为了减轻办会压力，于改之教授特意提议将《法学》编辑部作为本届论坛承办者，并不辞辛苦出面协调沟通各项事宜，为会议圆满举办提供了坚实的保障。从最终呈现效果来看，14位青年学者以出色的表现赢得了学界前辈们的肯定，与会嘉宾们对论坛的举办不吝溢美之词。可以说，本届论坛取得了预期的办会效果。

由于是第一次操办会议事宜，且一上手就是如此高规格的全国性学术会议，当参会人数从一开始设想的五六十人一路狂飙时，我难免有些畏难情绪，车浩教授安慰我说："参会人多说明你们组织得好。很多教授远道而来甘当'绿叶'，也是为青年学者站台捧场。发言人的光芒能为更多的学界前辈和同行看到，这是好事。"在车浩教授的鼓励下，我最终克服了畏难情绪，尽力做好组织协调工作。虽然最终仅记录在册的参会人数就高达178人，但这尚未超出作为会场的华政长宁校区交谊楼的最大承载量，会议的各项准备工作也在按部就班地持续推进。

然而，未曾料到的是，就在会议即将召开的前一周，新冠肺炎疫情在我国部分地区卷土重来，华政根据防疫机构提出的要求，本着为师生安全负责的态度，不允许在校内召开全国性的大型学术会议。我听闻这个消息后，焦虑之感油然而生。当时论坛启事和议程已经通过《中国法律评论》公号对外发布，与会嘉宾们也大多做好了参会准备，加之嘉宾食宿地点早已预订完毕，临时取消将要赔偿一大笔违约金，推迟举办显然不现实。而如果临时改换会议场地，则必须保证不能离华政太远，因为当初为了嘉宾参会方便，食宿地点选在了华政附近。我把这个情况向车浩教授和于改之教授汇报后，他们也认为会议不宜推迟，应当抓紧确定新的会议场地。然而，华政长宁校区位于上海中心区域，能够满足论坛需求的大型会议场地早在一个多月前就被预订一空。无奈之下，经两位教授同意，会议场地少有地分成了两处。本届论坛最终得以如期举办，可谓有惊无险。

由于个人驽拙，本届论坛不乏纰漏。幸而全体与会嘉宾包容、襄助，论坛最终得以顺利闭幕。回想起来，实在有太多人需要感谢。

首先要感谢车浩教授和于改之教授，正是在他们的不懈努力下，专门为展现青年刑法学者风采、促进理论与实务沟通的学术平台得以再次搭建。这种超越个人得失、提携学界后进、勠力同心推动中国刑法学走向革新与繁荣的忘我胸襟令人钦佩。正是在他们的动员、引领、感召与垂范下，我得以超越狭隘的个人荣辱观，开始认真反思过往，不再执着于自己是否被看见，而是坚定信念，踏实研究，争取能够为刑事法共同体的发展壮大作出些许贡献。正是在他们的策划、信任、鼓励与帮助下，我有幸能够为全国青年刑法学者实务论坛的举办略尽绵薄之力。虽然的确如车浩教授所说，"办完会议要脱一层皮"，但我个人的组织指挥、沟通协调能力由此得以全面提升，办会过程中暴露出的个人短板与不足也有了改善的可能。于我而言，这些无疑都是极为难得的宝贵财富。

其次要感谢以赵春雨主任为代表的北京市盈科律师事务所的鼎力支持。"巧妇难为无米之炊"，如果没有盈科所的慷慨解囊，论坛纵有再好的愿景，恐怕也难以落实。由于临时更换会议场地，意外多出一笔价格不菲的会场租赁费，导致本届论坛预算超支。盈科所的支持使得既定的会议规格得以维持。其襄助学术之举令人感念！

再次要感谢以白岫云老师为代表的编辑老师、以胡春健主任为代表的上海司法实务界业务专家，以及来自全国各地的刑法教授，没有他们牺牲个人休息时间，提携关爱青年学者、深度参与论坛活动，本届论坛从形式到内容都不会这么精彩，也不会引发这么高的关注度。此处尤为感谢高艳东教授，正是他在论坛最后一个环节妙趣横生的主持，使得原本紧张的会议时光得以在大家的欢声笑语中度过。

感谢作为首届论坛操办者的李世阳，将办会经验倾囊相授，使我倍感安心。还有多位恕在此不能一一提及的诸多学术同道，在会议筹备过程中，我得到他们各个方面的宝贵意见，他们和我共同出谋划策，为高质量地举办本届论坛贡献了大量智识。感谢这些可爱可敬的学术伙伴们一路陪伴！

还要感谢《法学》编辑部的王海军老师、杨艳老师和会务组的各位同学。两位老师有着丰富的办会经验，在操办会议的过程中，我无数次地向他们请教各种细节问题，他们均不厌其烦地予以解答。会务组的同学们承担了会议流程的具体落实工作，其间历经人员变更、会场转换，工作量之大不难想象，但他们始终任劳任怨、默默付出。没有他们，本届论坛不可能顺利举办。

最后要特别感谢陈兴良教授对本届论坛的倾力支持。陈老师年逾花甲仍不辞劳苦，躬身垂范，全程听完了所有青年学者的报告和评议，对本届论坛的举办表示了充分肯定，并对论坛的发展提出了进一步的期待，希望将来培育出更多优秀的青年学者。其作为师者，对青年学者的拳拳之心、殷殷之情溢于言表，鼓舞着青年学者们砥砺前行。

"千汇江海阔，风好正扬帆"，全国青年刑法学者实务论坛的舞台已然搭好，期待更多优秀青年刑法学者登台亮相！

马寅翔

2022 年 3 月 17 日晨

序二
看见未来，走向未来

习近平总书记说，中国青年是有远大理想抱负的青年，中国青年是有深厚家国情怀的青年，中国青年是有伟大创造力的青年。我身边就有这样一群青年，他们振臂一呼，应者云集，用学术研究与实务探索的两翼，共振出嘹亮的刑法之声。

有幸以青年为纽带，与车浩教授结缘。2019年盛夏，一个阳光午后，在北京大学法学院咖啡厅，短短3个小时交流，车浩教授酝酿已久的构想娓娓道来，勾勒出全国青年刑法学者实务论坛的雏形。车浩教授感慨自己受益于陈兴良教授的指导和帮助，有很多宝贵的机会历练成长，因此愿为更多年轻学者搭建平台，这是他的梦想。这份初心让我深受触动，原来最好的感恩，不是回报，而是传承。

满怀澎湃的心情，我主动为盈科请缨。"青年兴，盈科兴"是盈科律师事务所一贯秉承的理念，青年盈科与青年学者同声相应、同气相求，盈科全国各地的广泛布局，也与论坛的巡回举办相得益彰。这一倡议得到梅向荣主任的高度重视，正所谓"无公益，不盈科"，襄助全国青年刑法学者学术创新，为全国青年刑法学者打造专属舞台，盈科责无旁贷，与有荣焉。

坐而论道，不如起而行之。得益于车浩教授及策划团队的高效推动，首届全国青年刑法学者实务论坛在两个月后亮相浙江大学之江校区，第二届论坛落地华东政法大学，论坛接力棒激情而有序地传递着。以"青年"为主角，对标"理论"与"实务"，刑法学者、法官、检察官及律师齐聚一堂，聚焦理论难点，回应实务痛点，助推刑法理论与实务的融合互通，论坛的精准定位有目共睹。我们欣喜地看到，全国青年刑法学者实务论坛受到热切关注，论坛成果通过出版得以更深远地传播。

砥砺新时代，奋斗正青春。全国青年刑法学者实务论坛以刑法新青年为主体，在陈兴良教授、车浩教授的亲身参与下，践行薪火相传的学术精神，坚守一脉相承的务实作风。我们作为略尽绵薄之力的见证者，每每置身浓郁醇厚的思辨氛围，极速体验观点的争鸣、火花的碰撞，收获无疑是巨大的。路漫漫其修远兮，盈科刑辩人与青年刑法学者同行，追光逐梦，不负韶华。我们坚信：只有看见未来，才能走向未来，并拥有照亮未来的力量。

宣父犹能畏后生，丈夫未可轻年少。一代人有一代人的作为，一代人有一代人的担当。愿全国青年刑法学者实务论坛生机勃勃、硕果累累，愿同为青年的我们守正出新、乘风破浪！

赵春雨

2022 年 3 月 20 日凌晨于三亚

目　录

开 幕 式

主持人：于改之（华东政法大学刑事法学院教授、《法学》副主编）

致辞人：刘宪权（华东政法大学刑事法学院教授）

　　　　梅向荣（北京市盈科律师事务所主任）

　　　　车　浩（北京大学法学院教授）

主持人：于改之

大家下午好！

今天是4月10日，正值暮春时分，姹紫嫣红之际，感谢各位教授、领导、同人以及各位青年学者的积极参与，由北京大学刑事法治研究中心、北京大学犯罪问题研究中心、北京市盈科律师事务所（简称"盈科所"）和华东政法大学《法学》编辑部联合主办的盈科第二届全国青年刑法学者实务论坛得以顺利开幕。

请允许我简要介绍参加本次学术论坛的各位嘉宾。

首先，参加本次论坛的"80前"（生于1980年之前）嘉宾有北京大学法学院陈兴良教授、华东政法大学刑事法学院刘宪权教授、北京大学法学院副院长车浩教授、北京市盈科律师事务所梅向荣主任、《中国法学》白岫云编审、上海社会科学院法学研究所所长姚建龙教授、《山东大学学报（哲学社会科学版）》魏建主编、复旦大学法学院副院长杜宇教授等。

其次，本次论坛的主角是刑法学界的青年学者，有东南大学法学院李川教授、北京航空航天大学法学院孙运梁教授、中国人民大学法学院陈璇教授、清华大学法学院王钢副教授以及中国社会科学院法学研究所李强博士等青年才俊。

再次，本次论坛还邀请了上海市人民检察院第四检察部胡春健主任、上海市长宁区人民检察院黄冬生副检察长、上海市第二中级人民法院审管办黄伯清副主任等政法部门的嘉宾以及北京市盈科律师事务所的律师朋友们。

除了上述校外专家学者，也有很多本校的老师参加本次论坛。由于时间关系，来自华东政法大学刑法教研室的各位老师，以及《法学》编辑部的诸位同人，我就不一一列举了。

最后，华东政法大学郭为禄书记原定参加本次盛会，但是由于学校临时有事，未能如约前来。郭书记一再嘱咐，衷心感谢前来参会的各位嘉宾，并祝愿本次会议圆满成功！

让我们以热烈的掌声向牺牲周末前来参会的各位嘉宾表示衷心的感谢！

下面有请华东政法大学刑事法学院刘宪权教授致辞。

致辞人：刘宪权

大家下午好！

欢迎大家来到上海参加第二届全国青年刑法学者实务论坛！在 2019 年，浙江大学光华法学院承办了首届论坛。到 2021 年，在今明两天，我们将举办第二届论坛。虽然因为疫情的原因，第二届论坛举办较迟，举办的时间和地点一再调整，但仍然没有影响大家积极参加论坛的热情。看到这么多来自天南海北的同人共聚一堂，进行理论和实务上的互动，我深信，论坛已经获得了全国学界和实务界的广泛关注和充分认可，已经形成了自己优良的品牌效应。

我个人谨代表上海市刑法学研究会以及华东政法大学刑事法学院，对本次论坛的召开表示热烈的祝贺，对各位的到来表示隆重的欢迎！

"青年"和"实务"是论坛的两大主题。

青年刑法学者代表了中国刑法研究的方向和未来。中华人民共和国成立70多年以来，特别是改革开放40多年以来，经过几代刑法学者的辛勤耕耘，中国刑法学研究已经逐步夯实了基础，并取得了长足的发展。在引入德日刑法教义学、对外交往以及各方面的交往当中，青年刑法学者有着自身的优势。他们在学术研究中充分利用这些优势，在前辈学者打下的坚实基础上，进一步提升了学术研究的精细度和国际化程度。我认为，青年刑法学者已经逐步崭露头角，正在逐渐成为刑法学研究的中坚力量。此外，青年刑法学者也应当是更有作为的一代。通过持续关注中国的刑事法治实践，在刑法学说承继的过程中，进一步推动刑法学研究的本土化，提炼符合中国国情、满足中国实践要求的理论命题，是青年一代刑法学者的使命所在。

我们中国人讲究"传帮带"，我们叫"扶上马，还要再送一程"。各位理论界和实务界的朋友们积极参与全国青年刑法学者实务论坛，不只是因为对论坛具体议题的关注，更是出于对青年刑法学者茁壮成长的鼓励和支持。

理论和实践的有机结合，是推动刑法学发展的关键所在，我想借此次论坛致辞的契机，介绍一下我们华东政法大学刑法学科的一些情况。

大家都知道，上海处于改革开放的前沿，我们把它称为金融中心、信息网络中心。随着人工智能技术的发展，上海目前还成为人工智能及相关技术的研究重镇。在这种情况下，新的实践问题层出不穷。上海刑法学研究的面貌虽然不如北京"百花齐放，百家争鸣"，但也已经形成了自身独有的研究特色和研究路径。北京的刑法学者可能更加关注基础理论的思辨，而我们上海的学者则更强调研究的实践性和应用性。可以认为，我们华东政法大学的刑法学科，实际上是跟北京的诸多刑法学研究错位发展的。例如，我们较早提出了金融犯罪的概念，并针对金融犯罪的有关问题展开了深入研究。后来，针对新兴的信息网络犯罪，着眼于相关的实践性和应用性难题，我们也进行了细致的分析。近几年，我们还涉足人工智能刑事责任演变的问题，试图解决人工智能机器人的刑事责任认定问题。可以说，关注、研究应用性和实践性较强的刑法问题，对此类问题保持充分的敏感度以及高涨的研究热情，已经融入华东政法大学刑法学人的血液之中。

昨天，上海出现了首例被认定为高空抛物罪的案件。刚才在前往论坛的路上，就有人问我：为什么上海各个法院总是追求首例？有时候，想到理论研究没有妥当地指引司法实践，理论宣传讲授还不到位，我也感觉蛮惭愧的！按照我们的研究思路，行为发生在《刑法修正案（十一）》生效之前，在《刑法修正案（十一）》生效之后进行审判，无论如何，都不能被认定为高空抛物罪。因为如果该行为在行为时就符合以危险方法危害公共安全罪，那么即便按照修正之后的法律，同样构成以危险方法危害公共安全罪。如此，不可能被认定为高空抛物罪。而如果该行为在行为时不构成犯罪，那么也不能适用修正后新增的高空抛物罪。因此，法院"抢首例"肯定是不妥当的。如此积极地抢首例，是有问题的。作为青年刑法学者实务论坛，这些问题可能也是我们应当关注的重点。

目前，华东政法大学的刑法学科已经初步形成了"以问题思考为导向，以实际问题为抓手"的刑法学研究特色。在学生培养层面，我们也非常注重理论和实践的结合。我们花费了很多精力，针对每年的实务热点问题，定期召开"上海市刑法学博士生论坛"，目前已经举办了 16 届，2021 年要举办第 17 届。另外，还有其他类型的实务性论坛，也获得了广泛关注，取得了良好的社会效果。

一言以蔽之，全国青年刑法学者实务论坛，无论是在论坛宗旨，还是在会风会貌以及选题方面，都在很大程度上开创了优良学术研究风气之先，非常有意义。希望通过论坛的持续举办，不但能帮助、促进青年刑法学者的成长，同时也为中国刑法学的研究和发展提供新的动力和契机。

最后，我预祝第二届全国青年刑法学者实务论坛圆满成功！

主持人：于改之

非常感谢刘老师！本次论坛的举办也得到了北京市盈科律师事务所的大力支持。可以说，没有盈科所的支持，我们全国青年刑法学者实务论坛也不可能具有如此大的影响力。

下面有请北京市盈科律师事务所梅向荣主任致辞！

致辞人：梅向荣

大家下午好！

首先，非常高兴盈科所能够携手华东政法大学，在上海如期举办第二届全国青年刑法学者实务论坛。请允许我代表盈科所向与会的来宾致以最诚挚的感谢和最热烈的欢迎。

我记得在 2019 年，首届全国青年刑法学者实务论坛举办之际，车浩老师向我介绍了这个论坛。当时，我们盈科所第一时间决定支持这个论坛。能够有机会通过此种形式促成全国青年刑法学者实务论坛，我感到非常荣幸。感谢论坛发起方信任盈科所、愿意交由盈科所合作！

其次，我想要介绍一下盈科所为什么愿意支持这样一个论坛。

第一，我简要汇报一下盈科所的一些发展概况。到 2020 年10 月份，盈科所成为全球首家单体突破 1 万名律师的律师事务所。达到这个规模之后，盈科所确立了高质量发展的思路，即希望在 2035 年建成全球领先的律师事务所。而在盈科所的 1 万多名律师中，有超过 1000 名律师是专注于刑事诉讼、辩护的。借助主办实务论坛的机会，盈科所希望能够促使更多的律师参与刑法研究，提升自身的刑事专业化水平。此外，全国青年刑法学者实务论坛对高品质学术成果的追求，与盈科所追求高品质发展的理念是相契合的。

第二，这个论坛的目的是为青年刑法学者打造一个新型舞台，而在全国，为青年刑法学者打造舞台是非常少见的。盈科所则希望为青年刑法学者打造这样一个新型的展示舞台，借助实务论坛，促进全国青年刑法学者共享、交流、汇聚观点见解。

第三，刚才刘宪权教授提到了"青年"，我们盈科所也始终秉持着"青年兴，盈科兴"的理念。例如，我们重视青年律师在管委会中的作用，要求管委会中的青年律师不得少于 40%。又如，在 2018 年，我们通过全国竞聘，选出了青年律师赵春雨作为盈科刑委会主任。而主办、支持青年刑法学者实务论坛，既是支持青年律师，也是支持青年刑法学者，是对"青年兴，盈科兴"这一理念的贯彻与践行。

第四，法学是非常强调实践性的一门学科，当前盈科所也正致力于打破法学教学、法学研究和法学实践三者之间的壁垒。例如，我们在 2020 年 10 月份，同山东鲁东大学签署了建设鲁东大学盈科法学院的协议。通过主办、支持青年刑法学者实务论坛，盈科所希望能够在法学教学方面走出一条创新之路，能够促进法学教学、法学研究和法学实践的互动和交融。盈科所也期待全国青年刑法学者未来能够支持我们盈科法学院学术研究、教学和学生的培养工作。

最后，我希望盈科所一如既往地支持全国青年刑法学者实务论坛，为青年学者打造绝佳的展示才华和学术能力的舞台，帮助汇聚青年学者们的智慧。

祝第二届全国青年刑法学者实务论坛圆满成功！

主持人：于改之

感谢梅向荣主任的精彩致辞！自 2019 年以来，在车浩教授与盈科所的共同推动、组织下，全国青年刑法学者实务论坛作为新的学术品牌，以"80后"青年刑法学者为主力，以理论与实务相结合为办会宗旨，已经产生了较大的影响力。可以说，没有车浩教授的推动、组织与倾力付出，就没有我们全国青年刑法学者实务论坛的产生、发展和壮大。

下面有请车浩教授致辞。

致辞人：车　浩

大家下午好！

在这样一个草长莺飞的季节，经过了一年多的等待，第二届全国青年刑法学者实务论坛终于开幕了。

首先，经过上一届论坛的探索，我们已经基本形成了由北京大学设定论坛主题和议程，由盈科所提供全方位的经费支持，由全国各大高校的青年学者轮流承担具体会务的论坛举办的三方合作模式。这种三方合作模式分工明确、高效科学，将被沿用至往后的论坛中。

其次，本次论坛能够顺利举办，需要感谢与会的各位嘉宾。

第一，要特别感谢盈科所梅向荣主任和刑委会的赵春雨主任，他们对青年刑法学者的关爱和大力支持，值得我们热烈的掌声！

第二，要特别感谢本次论坛的承办方，也就是以华东政法大学《法学》编辑部于改之老师为代表的团队。办会的辛苦非亲历者不能体会！可以说，我们短短两天的会议，华东政法大学的会务团队前前后后为此忙碌了不知道多少时间，所以，我提议，我们参会的同志对华政的会务团队表示诚挚的谢意！

第三，还要特别感谢我们老一辈的刑法学家，特别是陈兴良老师和刘宪权老师。他们参加会议是对我们年轻老师的莫大鼓励！特别是陈老师，他全程参与、全程听会，最后还要进行总结点评，这是非常不容易的。

第四，还应当感谢以白岫云老师为代表的各个刊物的编辑老师，感谢以杜宇教授为代表的"70后"学者，感谢上海政法系统的各位实务专家。没有他们的参与，我们这个论坛的性质和定位都会发生变化。

第五，我也非常感谢参会的"80后""90后"的年轻老师，你们是这个论坛的主角。来捧场听会的观众再多，没有主角，这个论坛毫无意义。

再次，在举办这次会议的过程中，我们也有过一些思考和彷徨。比如说，这次论坛的规模远远超出了上次的杭州论坛，也超出了办会之前的预想，使会议地点从华政挪到了校外。对此，有老师在想，如果我们只是举办一个纯粹的小规模的青年学者的闭门会议，是不是会更好？这样可以更自由地讨论一些学术问题，会务的工作量可能也会降下来。会议规模扩大之后，会不会导致论坛学术性的流失？

我也在思考这个问题。我觉得，应当牢牢把握举办全国青年刑法学者实务论坛的出发点和宗旨。需要注意，我们这个论坛与其他会议的不同之处在于，它不是一个封闭的青年学者进行内部学术交流的平台，而是一个为青年学者打造的舞台。这样一个舞台不但要有唱戏的主角，也一定要有观众和支持者。换句话说，我们青年刑法学者的光芒一定要被人看到。这也正是我们举办实务论坛的宗旨。

被谁看到？第一，青年刑法学者承担着非常繁重的学术研究、论文发表任务，因此，他希望他的研究成果、论文能够被很多刊物的编辑老师看到。第二，基于前后传承，他也希望更年长一点的刑法学者能够认识、认可他们的研究成果，所以我们特别邀请了很多"70后"的学者来参加本次会议。第三，更重要的是，以往我们的实务和理论之间并非没有贯通，但更多的其实是实务机关与刑法大咖、大家们沟通。其实，我们青年学者也非常关注司法实践问题，并已有较为优秀的产出，只是这些成果缺少为实务机关所关注、引起实务部门重视并形成理论指引的契机。因此，我们青年学者也希望能够被实务机关的各位专家看到。

我坚信，今天在这个论坛上作为主角的青年学者们，将来必定会成为整个学界的中坚力量。我也希望，这个论坛可以一直持续下去，它永远属于年轻一代！

此外，值得一提的是本届论坛的坚持和变化。一方面，我们坚持了上届论坛时的两项办会规则：第一，不安排对老师的接送业务，减轻办会的压力和负担；第二，在会场上不设桌签，创建一个平等讨论的会议氛围。这两项规则我们以后会继续坚持下去。另一方面，本届论坛形成了一个新的惯例：在论坛的总结阶段，邀请上届办会方的青年老师代表进行总结发言。这项惯例也将被传承下去。

最后，刚才梅向荣主任特别提到希望我们论坛能够汇聚智慧、产出成果。其实，初步的成果已经有了。对此，需要特别感谢北京大学出版社，出版了我们以"刑法新青年"为名的两个系列丛书。我们的实务论坛，就是其中的一个系列。

经过反复商量和沟通，下一届论坛将由武汉大学法学院承办。期待我们明年在樱花漫天的季节再会大武汉。

主持人：于改之

感谢车浩教授的精彩致辞！

车老师倾力打造全国青年刑法学者实务论坛，彰显了其作为北大学者的气度与胸襟。他完全称得上是一位"有理想、有情怀、有魄力、有担当"的"四有"好教授。相信在车浩教授的带领下，青年刑法学者能够很快成长起来，成为中国法治建设事业的中坚力量。也相信中国刑法理论界与实务界的结合将更为紧密，达至理论引领实务、实务促进理论的良好互动。

第一单元

人身犯罪的因果关系

第一场报告

主持人：白岫云（《中国法学》编审）

　　　　姚建龙（上海社会科学院法学研究所所长、《政治与法律》主编）

　　　　高　巍（云南大学法学院教授）

　　　　王　莹（中国人民大学法学院副教授）

报告人：陈　璇（中国人民大学法学院教授）

　　　　丁胜明（西南政法大学法学院副教授）

评议人：曾文科（中国政法大学刑事司法学院副教授）

　　　　敬力嘉（武汉大学法学院讲师）

　　　　胡春健（上海市人民检察院第四检察部主任）

　　　　王　宇（盈科扬州刑事部主任）

一、报告

主持人：白岫云

　　我们现在开始第一单元"人身犯罪的因果关系"的第一场报告。这场有两位主持人，我和《政治与法律》的姚建龙主编。我想大致作一个分工：我作为一个引子抛砖引玉，主持工作主要由姚主编来负责。

非常荣幸能够被主办方邀请来参加此次论坛，领略新的学说观点。一方面，我们这一单元的议题非常有意思。无论是引起了学界和公众广泛热议的"货拉拉事件"，还是陈璇教授即将谈及的"杨存贵交通肇事案"，都涉及人身犯罪的因果关系判断问题。在"杨存贵交通肇事案"中，就需要判断，如果杨存贵遵守了禁止驶入道路的规定，履行了谨慎驾驶的义务，能否避免危害结果的发生。可以说，这一单元的选题非常有问题意识，捕捉到了社会的热点问题。

另一方面，按照梁启超《少年中国说》中的说法，"少年强则国强"，我们也可以说，"青年强则国强"。青年学者是中国刑法学研究的希望和未来，他们的思维非常活跃。全国青年刑法学者实务论坛给青年学者搭建了这样一个平台，让我们能够听听他们的观点和想法，对我们是非常有启发的。

我们现在进入报告阶段，有请上海社会科学院法学研究所《政治与法律》姚建龙主编来主持。

主持人：姚建龙

我发现，本场报告有两位主持人，两位发言人。发言人的发言时间是 20 分钟，而主持人似乎没有时间限制，所以我想，能不能让主持人少讲两句，多留一些时间给发言人。

主持人：白岫云

我补充一点，每位发言人有 20 分钟的发言时间，到 19 分钟时，台下工作人员会作提示，时间用完之前一定要结束自己的发言。

主持人：姚建龙

下面有请陈璇教授。

报告人：陈 璇

危险创设判断中的利益衡量
——与"杨存贵交通肇事案"二审裁定书展开的学术对话

今天我给大家汇报的主题是"危险创设判断中的利益衡量"。

当前，刑法学界有这样一个趋向：我们越来越关注中国本土的司法实践，并且期待在这个过程当中促进理论和实践之间的对话交流。近年的一些刑事判决书，尤其是重大影响性案件的判决书，在说理的详实度和规范化方面有相当大的提升，这为理论与实践的对话创造了越来越多的契机。

（一）一份裁定书引发的问题意识

就过失犯领域而言，我特别关注到由重庆市第五中级人民法院针对"杨存贵交通肇事案"所作出的（2016）渝 05 刑终 1060 号刑事裁定书。该案的主要案情如下：

> 2014 年 3 月 25 日，光大旅行社与禾淼公司签订《租车合同》，约定禾淼公司租赁车辆供光大旅行社组织游客前往重庆万盛黑山谷、龙鳞石海旅游。同月 29 日，原审被告人杨存贵受禾淼公司雇用，驾驶禾淼公司安排的大型普通客

车，搭载光大旅行社组织的游客20余人及导游1人从自贡市到重庆万盛黑山谷景区游玩一天。次日7时许，杨存贵驾车搭载游客及导游从黑山谷景区南门附近出发前往石林景区。当日8时许，车行至禁止大客车通行的石林镇石鼓村下坡路段时，车辆制动性能下降。杨存贵发现后，在控制车辆的同时告知了正在驾驶座右侧、车门内台阶处的导游陈某甲。陈某甲即站到杨存贵右侧，探身用手与杨存贵共同掌握方向盘。当时车速较缓。车上部分乘客见状，便要求打开车门跳车；坐在车内右侧第一排的游客倪某、阮某（本案死者）离开座位，站到陈某甲身后的中间通道上。陈某甲大声招呼不准开车门、不准跳车。其间，车门被短暂打开，倪某、阮某先后跳车，车门随即关闭。该车沿公路缓速下行数十米，平稳行至对向车道外侧一地势平缓处停驻。停车后，阮某在车后方向数十米的道路边被发现头部受伤昏迷在地，倪某在其身旁呼救。2014年3月31日，阮某经抢救无效死亡。

二审支持了一审关于被告人杨存贵无罪的结论，并在裁定书中作了颇为细致的论证。其说理部分主要有三个引人瞩目的亮点：

第一，明确了刑事责任的认定不能依附于行政责任的原则。对于业务过失犯，我国《刑法》大量使用了空白罪状的规定方式。我国过失犯论的通说和判例向来习惯于对刑法以外的成文规范采取全盘拿来的态度，将其视为注意义务的实质来源。由此导致司法实践长期以来广泛存在着对业务过失犯的认定唯行政法规范马首是瞻、将行政责任与刑事责任相混同的弊病。近年来，不少学者均对此进行了反思和批判。该案二审裁定书明确采纳了理论界的相关意见，指出："交通管理部门是根据交通运输管理法规认定事故责任，这种认定通常是出于交通行政管理的需要，不等同于刑法上的责任；虽然在多数情况下法院会根据案件的具体情况采纳交通管理部门的责任认定，但并不意味着所有案件均应当如此，尤其是涉及当事人刑事责任的刑事案件，更不能将行政责任的法律依据直接当作刑事责任的法律依据，而应当根据交通肇事罪的构成要件进行实质的分析判断。"

第二，在注意义务边界划定的问题上，采取了"社会通常性"的实质标准。控方指控，杨存贵所实施的与被害人死亡具有因果关系的行为共有三个：一是行前未检查车辆的行为；二是驶入禁行路段的行为；三是险情发生后处置不当的行为。其中，由于车辆制动性能发生故障是引起车辆失控并致被害人情急之下跳车身亡的首要因素，因此，杨存贵是否违反了行前检查车辆的注意义务，就成为决定他是否构成交通肇事罪的关键所在。尽管《道路交通安全法》（以下简称《道交法》）第21条载明了行前检查义务，但该条只是笼统地规定："驾驶人驾驶机动车上道路行驶前，应当对机动车的安全技术性能进行认真检查；不得驾驶安全设施不全或机件不符合技术标准等具有安全隐患的机动车。"至于究竟怎样做才算是满足了"对机动车的安全技术性能进行认真检查"这一要求，仍有待司法者结合具体个案进行实质性的判断。对此，该案的裁定提出："在现实生活中，车辆行驶前对制动性能的检查，一般是通过驾驶人在本次驾驶的初始阶段的直观感知，通常采取起步前后制动数次的方式，并结合先前驾驶中的

020 因果关系的理论与实务：全国青年刑法学者实务论坛（二）

直观感知来进行判断。这一惯行做法，从控方收集的万盛客运有限公司安保部部长彭某的证言也能得到确认。因此，《道交法》第21条对驾驶人设定的检查义务，不应提升到须借助特定技术设备才能检测出来的范围和程度；实际生活中通常采取的试车检查，应当视为符合该条规定的检查方式。"

第三，引入了危险创设和危险实现的归责原理。裁定认为：导致乘客跳车死亡的危险来自于"打开车门"的行为，而根据现有证据恰恰无法查明究竟是何人打开了车门；被告人驶入禁行路段和将险情告知导游的行为虽然是引起乘客跳车的诱发性条件，但并未使乘客跳车受伤的危险现实化。首先，尽管杨存贵驾车行驶在设置了大客车禁行标识的路段这一行为违反了交通运输管理法规，但"本案事实存在一个'驶入禁行路段—制动性能下降—车门打开—跳车—受伤死亡'的过程，从逻辑和常理常识判断，车辆驶入禁行路段最多成为制动性能下降的条件之一（尚不是必要和充分条件），并不能使乘客跳车受伤的危险现实化，断不可能造成乘客从车门跳出并受伤死亡的结果。"其次，杨存贵将车辆行驶过程中发生的险情告知乘车人员的行为是否合法，对此现行法律法规没有规定，行业规范和惯例也不明确。即便认为该行为在客观上引发了乘客的恐慌情绪，但它"并不能使乘客跳车受伤的危险现实化，而是其后介入的'车门打开'才使这一危险现实化，才与死亡结果具有刑法上的因果关系"。

由此可见，这份裁定书的说理部分涉及过失犯论的多个核心课题，其分析的深入和细腻程度是罕见的，无论从形式上还是从内容上对于过失犯的司法实践都有着重要的指导意义。

时间所限，在报告中，我打算将关注焦点集中在上述第二点，即注意义务的边界划定问题上。理由在于：我国过失犯论近年所取得的进步，主要集中在与客观归责理论联系较为紧密的合义务替代行为、规范保护目的、被害人自我答责等部分；但是，作为过失犯"元概念"的注意义务，其理论上的推进幅度总体相对有限。对于注意义务，多数论著要么简单地重复着旧有的形式化认定方法，认为注意义务源于法律、法令、规章制度、习惯以及常理，要么热衷于对一般人标准说和行为人标准说进行比较和选择。然而，一方面，对于大量存在于日常生活中的普通过失犯，以及业务过失犯中缺少明确填充规范的情形，如本案中机动车驾驶者的行前检查义务就是如此，注意义务的边界究竟何在，就成为一个无成文法准据可循的开放性问题。所谓"习惯""常理"为何能成为注意义务的确定依据，又如何在个案中对其加以确定，依旧是未解之题。另一方面，如后文所述，对"能为"和"当为"进行二元区分，是设定法律义务的基本前提。所谓一般人标准说和行为人标准说之争，只是在讨论应以什么人的能力作为设定标准人的基础，却未能涉及法秩序所设想的标准人究竟应当怀有多高水平的谨慎态度这一问题，而后者恰恰才是划定注意义务边界的关键所在。正是由于注意义务的边界在许多情况下是一个既缺少成文法参照又难觅现成理论抓手的问题，故它在为司法者留下巨大裁量空间的同时，也考验着法律人在个案中独立展开价值平衡和实质分析的能力。也正因为如此，宾丁（Binding）曾感叹道："和过失犯论比较起来，故意犯论的研究可真是件相对轻松的活儿。"

（二）标准人"心素"的规范内涵与功能定位

当我们判断某一行为有没有违反注意义务时，首先，有必要设定一个标准人的形象，然后和现实案件中的被告人的行为进行比对，来判断被告人是不是以不正当的方式降低了他自身的危险认知能力。置身于案件的具体情境当中，假如我们发现，标准人的认识能力和行为人一样都会出现缺失，则说明行为人并未以轻率疏忽的方式使自身的注意能力下降，其引起法益侵害结果的行为属于《刑法》第16条规定的意外事件；如果标准人能够维持自己的认识能力，而行为人没有做到这点，则意味着行为人认识水平的下滑是因其缺少必要的谨慎和注意所致。

其次，我们经常会说对于某件事情"心有余而力不足"，与这样一种思维相对应，要想成功地将某一主体的认知能力保持在为避免结果发生所必要的水平之上，必须具备以下两个要素：其一为"力素"，即标准人需要具备一定的体能和智力条件。这与特定主体的年龄、体质、受教育程度等因素密切相关。其二为"心素"，即标准人应当具有一定的谨慎态度。我们观察日常生活时，常常有这么一种体会：能力条件只是为做成一件事提供了最基本的物质前提，这些能力条件最终是不是能够派上用场，以及我们能不能借助这些能力条件去建功立业，其实很大程度上取决于行为人本人的精神态度，取决于他的心理态度是消极懈怠还是积极进取。

同理，作为忠诚于法规范的公民，标准人也只有心怀一定的谨慎态度，才能促使自己全面调动感知器官、全神贯注地密切关注事态，从而将正确认知事物的能力保持在充足的水平之上。

最后，我们常说的预见可能性，并不是指行为人有能力预见某种法益侵害事实，而是指行为人一旦具有了规范所期待的谨慎态度，就能够调动起自己的认知能力，从而对法益侵害事实的发生有所预料。而标准人的心素，实际上对行为人究竟应该投入多大的精力去预见和防范风险，起到了一个非常重要的边界划定的功能。假如我们忽略标准人心素所具有的限制机能，像 20 世纪 50 年代的大庆"铁人"王进喜一样，有条件要上，没有条件创造条件也要上，将会无限提高对行为人谨慎态度的要求从而使结果具有预见可能性，扩张过失犯的成立范围。

"杨存贵交通肇事案"的二审裁定书有关行前车辆检查义务的论述，突破了理论和实务上关于注意义务违反性的通常判断模式，对标准人心素在限制注意义务违反性方面的作用给予了特别的关注，令人耳目一新。该案中，行为人在车辆行驶至石林镇石鼓村下坡路段并濒于失控前，一直没有认识到车辆的制动性能存在问题。从客观上看，假若被告人在行车前不是仅采取一般的起步前后制动数次的方式，而是更加小心一些，找来专门的仪器设备对车辆进行全面检查，那他作为具有 A1、A2 准驾车型资格的司机，只须结合其驾驶经验以及对交通法规的认识，就有可能从检测数据中及时发现车辆的制动率不符合《机动车运行安全技术条件》的规定，从而正确地预见到驾驶该车辆进入景区具有致人死亡的风险。但是，二审裁定书主张，"对驾驶人设定的检查义务，不应提升到须借助特定技术设备才能检测出来的范围和程度"，这实际上就是对注意义务标准人的心素作了限制，将行为人应当具备的谨慎态度限定在了通常试车检查方式所体现的水平之上。亦即，判决书在注意义务违反的判断上采取了"社会通常性"标准。

（三）认定标准人"心素"的总体思路：利益权衡模式的确立

我们梳理大陆法系可以发现，在侵权责任法学界以及刑法学界，关于标准人心素的争论，大体上可以总结出两条主线和两个基本立场，一个是社会通常性模式，另一个是利益衡量模式。杨存贵案二审裁定书采取了前者，但是我认为，这样一种社会通常性的思维方式可能还存在商榷的空间。

1. 对社会通常性模式的反思

首先，"通常"并不必然代表"正当"，单纯的经验事实不能成为规范评价所遵循的标准。事实是刑法规范赖以发挥其机能的基础，但仅从事实存在本身当中并不能推演出规范的要求，所以，刑法体系、概念和学说的构建应当以刑法自身的规范理性和价值目标为指引。对于这一点，现代刑法理论大致已达成一致。不可否认，与自然事实不同，人的社会生活时刻都处在一定规则和价值观念的支配和引导之下。从这个角度来看，社会生活的确具有一定的"规范性"。然而，社会中的规范和价值，毕竟是先于刑法而存在的一种状态。由社会生活需要的复杂多样所决定，社会规范所追求的目的未必与刑法规范完全契合，故某一行为是否具有社会的通常性、是否与特定社会角色的期待相吻合，这对于刑法来说仍然是一个规范判断之前的事实问题，它所涉及的仅仅是刑法评价的素材与对象，而非规范评价的结论。同理，在某一社会领域内，人们对于可能发生的危险通常会采取何种防范措施、一般会给予多大程度的小心注意，这些习惯或者通例只是客观调查所获得的经验事实，它们无法不经任何筛查和甄别就自动成为注意义务的内容，其正当性还需要经过规范价值的独立审核。当某一地区或者行业内部散漫成风、怠惰泛滥时，如果因此而发生了严重伤亡事故，我们就不能以低水平的谨慎态度是司空见惯的常态为由，否定行为的注意义务违反性。

其次，社会通常性提供的至多只是一种直觉性和浅表性的论据，它本身无力触及注意义务的核心。社会通常性模式在思维方法上与社会相当性理论一脉相承。社会相当性理论最致命的缺陷不在于它所得出的结论不恰当，而在于它对于问题的分析总是流于粗浅的表层，始终没能抽丝剥茧、披沙拣金地切中真正的要害。譬如，社会相当性理论只能以浅显而笼统的方式说：虽然在固定站点停靠的火车在一定程度上限制了旅客的人身自由，尽管出于管教目的对孩童进行的体罚会引起身体伤害，纵然遵守规则的体育竞技以及合乎医疗行业规范的治疗行为也会导致他人伤害的结果，但由于此类行为均处在社会秩序和道德观念所能接受的范围之内，故不成立非法拘禁罪或者故意伤害罪。可是，只要我们将思考的深度往前推进一个层次就会发现，在所谓"社会秩序和道德观念"帷幕的背后其实隐藏着多种更为复杂而精确的出罪根据。火车运营之所以不成立非法拘禁罪，归根结底是因为这种对人身自由的限制事先得到了乘客的同意；以责打方式管教小孩的行为，其出罪理由则在于成立管教权这一正当化事由；合规的体育竞技和治疗措施之所以无罪，根本原因在于该行为符合被害人自陷风险、被害人承诺或者推定被害人承诺的要件。

最后，即便社会通常性模式能够在过失犯的个案中得出恰当的结论，最终能够有力和稳定支撑该结论的实质性理由也绝非习惯、通例本身。我们不妨试着追问：为什么有学说和判例会选择将社会通常的行为方式作为划定注意义务边界的标尺呢？许多法社会学者曾经不约而同地将习惯与维护行为预期以及保障社会生活的稳定性联系在了一起。马克斯·韦伯主张，为了使社会生活显现出一定的稳定性，人们需要对他人的行为作出预期，而使预期成为可能的一个基本条件就是人们的社会行动具有某种反复出现的固定模式。按照卢曼的观点，只有当人们能够依循一定的预期去行动时，才能免于频繁进行利害权衡之苦，从而最大限度地降低社会成本。然而，现代社会的复杂化却加剧了人们规范性预期之间的冲突，故法律系统的功能就在于有选择地稳定部分规范性预期，从而促进社会信任的形成，有效降低未来世界的复杂性，最终实现人们自由行动和选择空间的最大化。所以，社会通常性模式的背后其实有着更深层次的考量。也就是说，在可预见的危险俯拾皆是的现代社会中，应当最大限度地稳定人们的规范预期，避免以刑罚手段打破既存的社会信任，导致人们的行动空间归于萎缩。由此，我们可以发现，选择以社会通常性作为确定谨慎义务范围的标准，终究不过是对行动自由和法益安全这两者进行权衡后得出的结论。如此一来，社会通常性模式无论就其结论的稳固性还是就其作为一种分析方法的科学性来说，均处在风雨飘摇之中。我们不禁要问：既然社会通常性归根结底还是依赖于利益权衡的判断，那么利益权衡的天平会在任何情况下都一直朝习惯所代表的行为自由一方倾斜吗？在社会通常性只是一种表面论据的情况下，难道不应该彻底转变思考模式，选择利益权衡这一带有根本性和终极性的分析路径吗？

2. 利益权衡是过失归责的内在要求

相对而言，我认为利益权衡模式可能更为合理。但是学界对利益权衡模式的确也有很多批判，其中一个著名的批判就是认为，它所奉行的"成本-收益"思维，以功利计算抛弃了过失责任的道德性，消解了注意义务判断中的"对""错"之分。

但是，我个人认为这个说法值得反思。众所周知，法律之所以能够就某一损害事实向行为人发出谴责，关键在于该事实对于行为人来说具有可避免性。如前所述，一旦行为人在行为当时已经现实地具备了避免法益侵害的能力，由于不实施侵害行为并不会对行为人应有的自由和利益造成任何损失，故基于法治国的自由平等原则，法律有理由绝对地禁止他侵犯他人的法益，对此无须进行任何利弊权衡。可是，注意义务概念适用的前提恰恰是行为人在行为当时缺少结果避免能力，故法律对于过失行为发出的谴责，就只能针对行为人降低了自身遵守行为规范的能力这一事实。然而，在现实生活中，人们在致力于维护既有法益安全的同时，又总是需要不断地从事各种活动以维持社会的正常运转，改善自己和他人的生活条件。正所谓"顾此失彼"，每一个人在特定时刻所能够动用的精力总是有限的，而任何一项活动都会从人们身上分走一部分的体力和脑力，使人无法将注意力百分之百地集中在看护和照顾既有法益之上。这就意味着，注意能力的下降是社会生活中无法完全消除和避免的事实。有注意能力而主动侵害他人法益的行径，在任何情况下都不允许上演；但因为注意力

"左支右绌"导致在无注意能力的状态下误伤他人的法益，却在一定程度上是人类社会不得不忍受的现象。既然法律不可能对一切注意能力下降的状态都予以谴责，那就必须考虑怎样才能合理地分配行为人有限的注意力。具体地说，从规范的角度来看，我们何时能够期待行为人减少甚至彻底放弃其他活动，将自己的精力专注在避免他人法益受损上，何时又可以容忍行为人缩减为维护法益安全所投放的注意力，腾出更多的精力去从事其他活动呢？一旦涉及对稀缺资源的分配，我们就不能不对分配所涉的多个需求方进行掂量和比较。

事实上，过失所覆盖的是位于典型的规范违反行为与完全无罪过行为这两者之间的大片过渡地带，它构成了违法行为最为边缘的部分。由此决定，尽管过失同属过错形式之一，但与故意不同，它"并非真正有着清晰内涵的道德领域"；过失归责关于行为"对""错"的界分不可能像故意归责那般黑白分明、善恶截然，而必然需要斟酌、平衡众多的因素。可见，利益权衡模式的引入，是过失责任自身特点的内在要求。由注意能力的相对"稀缺"所决定，在注意义务的认定中，与利害比较思维完全绝缘的公平归责是不存在的。

（四）判断标准人心素的具体准则："普遍化"的检验方法

安全地生存与自由地发展，是人类永恒的两大需求。为了最大限度地兼顾安全生存和自由发展，必须对无处不在的危险作出轻重缓急的划分，并为之配以大小不同的防控力度和预防开支。而危险指的是某种不幸事件发生的可能性。作为一种只有通过预测性思维才能确定的事实，危险是无法被我们的感知器官所直接认识的。因此，人类总是不得不求助于危险所散发和显露出来的各种信号，才能间接地辨别它的存在。

随着生活经验和科学知识的积累，人们对于灾害、事故发生前的某些先兆渐渐形成了较为固定的认识，并且逐步将这些信号的强弱程度与实际危险的大小以及应当投放的排险成本密切地联系起来。于是，信号预示的危险越异常、重大和急迫，则利益权衡的天平就越往法益安全一边倾斜，法秩序也越是期待行为人以更为慎重的态度关注危险的动向，将原本用于从事其他活动的精力更多地分出来以供维护自身认知和防范危险的能力之用。

明确了上述认识，接下来我们需要考虑，在利益权衡之下，判断标准人心素的具体方法和思路是什么？我认为，应当遵循以下思路展开：

第一步：借助事后假定性的思维来确定，哪种谨慎态度才能有效防止注意能力下降。虽然从发生学的逻辑来看，整个事件的发生顺序是"特定的谨慎态度→能力水平不足→未避免结果发生"，但从规范的视角加以考察，却应当采取反向逆推的思维顺序，即"避免结果发生→要求何种能力水平→要求何种谨慎态度"。我们应当首先从已经发生的损害结果出发，如果要最为有效地避免该结果发生，那么行为人需要将自己的注意能力保持在多高的水准之上，为此他又应当抱有怎样的谨慎态度。

第二步：从规范角度判断，该谨慎态度能否成为一项普遍化的法则。危险信号所预示的危险越重大，法益安全利益在与行动自由利益进行比较的过程中所能获得的权重就越大，法秩序也就越迫切地要求守法公民以较高的谨慎态度保持或者激发自身的结果避免能力。在此，需要考虑以下问题：

1. 行为人所能感知到的危险信号是什么，该信号所预示的危险的严重性和迫切度如何？

对此，一方面需要考察信号的含义。按照其对应的危险程度，危险信号大体可以分为以下三个级别：Ⅰ级：风险指数尚未溢出日常生活的范围，诱使损害发生的关键性因素尚不具备，结果离现实发生还相当遥远。Ⅱ级：有异常风险的苗头显现，发生灾害或者事故的现实性已经存在，但还有一定的迟滞和缓冲期。Ⅲ级：异常风险已经迫在眉睫，只要无强有力的阻碍因素介入，则损害将即刻成为现实。

另一方面需要分析信号的可辨识度。即便从现有的经验来看，信号与特定程度的危险之间的关联性是明确的，但信号只有在为人所感知之后，才能成为促使其集中精力防范风险的动因，而从信号发出到信号被感官接收的过程却未必一帆风顺。所以，还需要考察信号在传达到人的感官的过程中，是否受到了其他因素的干扰或者屏蔽，以致行为人最终接收到的信号与实际的危险状况大相径庭。

2. 面对信号所预示的危险，如果将谨慎义务普遍适用于所有人，则由此形成的生活状态能否为理性人所接受？

而这又取决于以下两个方面的因素：一方面，谨慎义务对人们行动自由的限制将达到何种程度，是暂时限制还是持久剥夺；另一方面，谨慎义务的施行是否会诱发其他危险，其严重程度如何。

如果第二步判断所得出的结论是该谨慎态度能够成为一项普

遍化的义务，则说明行为人实际具有的谨慎态度落后于标准人的心素，那么我们可以认定他违反了应尽的注意义务。反之，如果判断的结论是该谨慎态度无法普遍化，则说明它无法成为衡量行为人是否违反注意义务的标准。这时，应当适当牺牲法益保护的有效性，将先前假定的谨慎态度向下调低一个档次，然后再从第一步开始检验，照此往复直至得出能够普遍化的谨慎义务为止。如果最终确认，没有任何一种谨慎要求可以兼具结果避免能力和可普遍适用性，那就说明即使标准人也无法防止注意能力的下降，故行为人并未违反注意义务。

根据上述标准来讨论"杨存贵交通肇事案"，我们可以发现，首先，站在事后的立场从结果反推，若杨存贵事前养成了这种习惯，即每次出车前都不忘使用技术设备检查车辆制动性能，那么他便可以将注意能力维持在为及时察觉危险因素所必要的水平之上，从而避免事故的发生。但是，此前车辆并未显现出可能发生制动障碍的征兆，甚至在事发当日，从出发一直到险情出现之前，车辆已经行驶了近 1 个小时，且以山区道路为主，其间不可避免地会使用刹车制动，也都没有出现异常。这就说明，从当时既有的危险信号来推断，客车发生致人死亡事故的危险处在最低级别，与正常驾车的风险概率相当。如果法律要求本案被告人在面对该水平的危险时，也必须将自己的谨慎态度调至最高级别，那就意味着所有车辆驾驶者每次发动汽车上路前，都必须无一例外地通过平板或者滚筒式制动检验台等专门仪器，对汽车的制动性能进行全面检测。且不论如此大量的检测所需支出的经济成本，光是频繁检验所消耗的时间就足以导致机动车驾驶活动近乎陷于停滞，这对于公民的出行自由和社会的正常运行来说都是难以承受的代价。所以，法律期待行为人具有的谨慎态度，不能高至每次出车前均用仪器进行制动性能检测的程度。

其次，我们只能考虑将行为人具有的谨慎态度调低至进行一般行前检查的水平之上。起步前后制动数次的检查方法之所以有可能成为确定标准人心素的依据，关键不在于它具有社会通常性，而在于它能够最大限度地实现保障交通安全和维护行车自由这两者之间的平衡。一方面，按照现有经验来看，启动汽车后踩踏制动踏板进行数次制动尝试，基本上能够通过刹车的声音和力量感有效地辨别汽车制动性能是否异常，是否可能影响行车安全。另一方面，这种简便省时的测试方法也不会给行车自由带来过分的限制。故只要行为人事前以这种方式对汽车的制动性能做了检查，就应当认定他已经具备了法秩序所期待的谨慎态度。

最后，需要注意，这样一个案件涉及因果关系中的很多内容，除了我提到的注意义务边界的问题之外，还涉及很多其他问题。我希望今后还能够进一步深挖。

主持人：姚建龙

接下来有请西南政法大学法学院丁胜明副教授作报告，有请！

报告人：丁胜明

司法鉴定中的伤病关系与人身犯罪的因果关系

大家下午好！

这次报告是一次命题作文，因果关系不是我研究的领域，所以我选了一个关于司法鉴定的比较简单的问题。我们这场报告的主题是人身犯罪的因果关系，而在人身伤害类犯罪中，每个案件都绕不过司法鉴定，可我们刑法学者很少关注司法鉴定。因此，我将讨论的主题是司法鉴定中的伤病关系与人身犯罪的因果关系。

（一）案件基本情况

我们先来看一下案件的基本情况，这个案件是我从一个法医学报告中截取出来的。据办案单位介绍：

> 被鉴定人崔某与他人争执后突然倒地，左侧肢体活动不灵活。病志记载，被鉴定人入院前 3 小时与人发生争执后突然左侧肢体活动不灵活，头痛，伴恶心、呕吐。诊断为急性右侧基底节区脑出血破入脑室，头皮血肿，高血压病。伤后两个月公安机关委托进行损伤程度鉴定，法医检查见不能站立行走，左侧鼻唇沟变浅，伸舌左偏，鼓腮不能，左侧肢体瘫痪，肌力 2 级。

> 经办案人员调查取证证实，嫌疑人与被鉴定人崔某虽有肢体接触，但并无严重暴力击打头部。崔某既往患高血压病多年，在轻微外力作用下，可以诱发基底节区脑出血，进而出现左侧肢体偏瘫等后果。

> 最后，经详细审阅病志材料和影像学资料，法医在多次讨论后，并没有引用《人体损伤程度鉴定标准》中 5.1.2 重伤二级 h）颅内出血，伴脑受压症状和体征的规定，评定为重伤二级，而是出具如下鉴定意见：本例既往患有高血压

病，本次急性右侧基底部脑出血，系与他人争执或被殴打后情绪激动导致血压升高诱发所致，与外伤无直接因果关系，不宜评定损伤程度。

本案最后以民事案件调解结案。

（二）本案的处理逻辑及其规范依据

本案属于刑法理论上经常探讨的"被害人特殊体质"类案件的一种，其基本构造是，行为人实施了轻微的攻击行为，因与被害人的特殊体质叠加，引发了严重的人身伤害后果。就本案而言，行为人不应构成故意伤害罪（致人重伤）或过失致人重伤罪，这一结论应该不存在太大争议，但其出罪理由可能有两种：一是从客观层面着眼，认为行为人并未实施伤害行为，从而自始不成立犯罪；二是从主观层面出发，认为行为人对于被害人特殊体质和重伤害结果欠缺预见可能性，因此，属于意外事件而不构成犯罪。

关于上面提到的两种思路，学界已经有较多探讨，我就对其不作展开了。选取该案的原因在于，在现实中，嫌疑人虽然最终没有被认定为犯罪，但司法实务的处理方式与学理讨论大相径庭。司法实务完全依据鉴定机构的鉴定结论得出最终的处理结果。也即，由于鉴定机构认为本案结果"与外伤无直接因果关系，不宜评定损伤程度"，故公安机关只能将本案作为民事案件处理。

那么，实务机关这种处理方式背后的依据和逻辑是什么呢？我认为，可能有以下几点原因：第一，我国刑法理论和实践认为，构成伤害类犯罪，要以造成轻伤以上的结果为前提；第二，是否造成伤害结果、造成何种程度的伤害结果，不是由法官直接认定的，而是由司法鉴定机构鉴定，然后由法官决定是否采纳；第三，鉴定机构对结果的认定，依据的是《人体损伤程度鉴定标准》（以下简称《鉴定标准》），于是，《鉴定标准》便对一个行为是否构成伤害类犯罪的认定具有至关重要的影响。

回到本案，单纯就"急性右侧基底节区脑出血破入脑室，头皮血肿，高血压病"以及"不能站立行走，左侧鼻唇沟变浅，伸舌左偏，鼓腮不能，左侧肢体瘫痪，肌力2级"来看，符合《鉴定标准》"5.1.2 重伤二级 h）颅内出血，伴脑受压症状和体征"的特征，但是，《鉴定标准》"4 总则　4.3 伤病关系处理原则"规定：

4.3.1　损伤为主要作用的，既往伤/病为次要或者轻微作用的，应依据本标准相应条款进行鉴定。

4.3.2　损伤与既往伤/病共同作用的，即二者作用相当的，应依据本标准相应条款适度降低损伤程度等级，即等级为重伤一级和重伤二级的，可视具体情况鉴定为轻伤一级或者轻伤二级，等级为轻伤一级和轻伤二级的，均鉴定为轻微伤。

4.3.3　既往伤/病为主要作用的，即损伤为次要或者轻微作用的，不宜进行损伤程度鉴定，只说明因果关系。

由于本案被害人崔某"既往患高血压病多年，在轻微外力作用下，可以诱发基底节区脑出血，进而出现左侧肢体偏瘫等后果"，于是鉴定机构认为，崔某的既往疾病在本案中起到了主要作用，因此援用 4.3.3 的规定，未进行损伤程度鉴定，如此一来，本案便卡在了鉴定环节，无法作为刑事案件处理。

我发现，与本案构造类似的案件在司法实务中并不少见，其处理方式基本与本案相同。例如，在 2014 年的《法医临床学理论与实践——中国法医学会全国第十七届法医临床学学术研讨会论文集》中，就有相类似的案件。不过，相关文书大多淹没在各类司法鉴定机构的资料库里。处理这些案件的规范依据都是上面提到的"伤病关系"条款，可这一条款显然是有缺陷的，因此，有必要对该条款的规范构造进行解读。

（三）"伤病关系"条款的规范解读

刑法中行为的判断与对象的性质存在紧密的关系，某一举止是否创设了规范所不允许的风险、能否评价为构成要件行为，不能脱离对象的性质孤立地认定。例如，朝正常人的头部抽一巴掌，一般只能评价为殴打或者暴行，但如果朝一个有"蛋壳脑袋"的人头部抽一巴掌，则有可能评价为伤害行为甚至杀人行为。

但是，行为和结果是两个不同的构成要件要素，虽然因果关系（结果向行为的归责）的判断使行为与结果之间存在紧密联系，但这一判断以事实层面结果的认定为前提，尔后考察这一事实层面的结果能否在规范层面归责于行为。刑法因果关系的判断只是对行为和结果之间关系的判断，这一判断并不会导致行为和结果判断的混同。

同样，对象和结果也是两个不同的构成要件要素。对象的个体特性，也许会导致结果更容易或更难发生，但这只是结果发生或未发生的原因，事实层面到底发生了何种结果，不受对象的个体特性左右。例如，朝一个有"蛋壳脑袋"的人头部抽一巴掌结果将其打死，不可能因为被害人有特殊体质，便认为被害人并未死亡。

总之，相对于结果而言，行为作用力的大小和对象的个体性质属于"因"的范畴。"因"和"果"在认定上是前后相继的两个不同要素。就结果的认定而言，刑法先要考察事实层面发生了何种结果，然后考察该结果是否能够归责于行为，如果我们能够得到肯定的答案，则应当认定发生了规范所欲预防的结果。

人体损伤程度的鉴定本来应当是关于事实层面发生了何种结果的鉴定，但是，"伤病关系"条款在结果的认定中掺入了对"因"即行为作用力和对象个体性质的考量。"伤病关系"条款将损伤和既往伤病对结果的作用力分为主次作用、同等作用、次主作用三种类型，并规定第一种不影响结果程度的认定，第二种具有降低等级的效力，第三种则不予鉴定。不难看出，这种规定背后隐含的意思是，如果损伤只是起同等作用，则行为人不应对重的结果负责，因此，需要降低等级；如果损伤只是起次要作用，则行为人不应对结果负责，因此，不予鉴定。但很明显，这种规定存在疑问。

之前我已经提到，刑法先要考察事实层面发生了何种结果，然后考察行为和事实层面的结果是否有因果关系，如果答案是肯定的，则认定发生了规范所欲预防的结果。而司法鉴定解决的其实是事实层面发生了何种结果的认定问题，这一考察在判断因果关系之前，我们不能将结果的认定与因果关系的考察相混淆，更不能在考察因果关系之后倒回去更改事实层面结果的定性。因此，损伤对结果作用力的大小不应作为确定结果等级时的考量因素。

更为重要的问题是，人体损伤程度鉴定本来只应处理专业的、技术性的问题，但"伤病关系"条款却在实质上进行了归责的判断，即在损伤只是起同等作用的情况下，行为人不对重的结果负责；在损伤起次要作用的情况下，行为人不对结果负责。然而，归责是规范判断，不是技术判断，应当交由法官等法律专业人士处理，不应由鉴定机构越俎代庖。在司法鉴定中考虑归责的问题，不仅变相行使了不处、减处、免处等法律专有的裁量权，侵夺了司法人员的判断权，还可能导致归责判断的恣意化和非专业化。

实际上，损伤对结果作用力的大小，与行为人要不要对结果负责、对何种程度的结果负责，是两个不同的问题。在"伤病关系"条款中，是依据损伤对结果作用力的大小确定行为人要不要对结果负责、对何种程度的结果负责，其所涉及的归责，是结果向"损伤"的归责。然而，刑法上的归责，是指结果向"行为"的归责。

在"伤病关系"条款中，损伤与既往伤病是严格区分的，但是前面我也提到了，刑法上行为性质的认定，需要综合考虑举止与对象的个体特质。我们都知道，相同的力分别作用于病体和健体会产生不同的损伤结果。同样是扇耳光的动作，如果对象是正常人，一般只会造成肌肉疼痛，但如果对象是高度近视的人，则可能造成视网膜脱落；朝他人腹部踢一脚，如果对象是正常人，一般只会造成肿痛，但如果对象的脾脏因病变增大，轻微踢一脚就可能造成脾脏破裂。在这些案件中，损伤是"扇耳光""踢一脚"，而行为却是"对高度近视的人扇耳光""朝脾脏肿大的人腹部踢一脚"，很明显，视网膜脱落、脾脏破裂的结果应当归责于上述行为。在被害人有特殊体质的案件中，行为创设了何种风险，不能假设"如果对象是一般人，会导致何种结果"，因为案件的被害人本就不是一般人，即便要进行所谓类型化的考察，也应考察"如果对象是有这种体质的人，一般会造成何种结果"。

"伤病关系"条款试图在鉴定中进行归责判断的初衷是好的，实际上，《人体损伤程度鉴定标准》（以下简称《标准》）之前的《人体重伤鉴定标准》《人体轻伤鉴定标准》中并未规定"伤病关系"条款，伤病关系该如何处理，长期以来在司法鉴定中存在着巨大争议。据我所知，一直以来，鉴定机构都不愿意就伤病关系发表意见，以免自己卷入加害人和被害人之间的纠纷。但是，这一条款最终还是被写进了文件。我认为，其原因是规范制定者认为，如果仅根据损害的后果评定损伤程度，并依此要求加害人承担法律责任，而不考虑受害人本身的健康状况，则有违司法公正。

但是，这显然没有正确理解结果在犯罪构成中的地位。结果只是犯罪构成的一个要素而不是全部，在鉴定机构对事实层面的结果得出鉴定结论之后，还需要由司法机关考察这一结果能否归责于行为。即便在客观上能够将结果归责于行为，也可能因为行为人主观上欠缺对被害人特殊体质和严重结果的预见可能性而得出无罪的结论。也就是说，在事实层面的鉴定结论出来之后，还需要对结果进行向行为的客观归责和向罪过的主观归责的判断，最终才能得出行为人是否需要对该结果承担刑事责任的结论。鉴定机构应当依据事实和科学进行事实层面的结果的鉴定，而后将客观归责和主观归责的任务交给司法机关。当然，这不是说鉴定机构不应在鉴定意见中说明损伤对结果的作用力，而是说，鉴定机构不应因为作用力较小就不作鉴定或者自行下调结果的等级。

（四）可能的应对措施

我认为，对于"伤病关系"条款的上述问题，可能的应对措施有两种：

第一种方案是，司法人员忽略鉴定意见中的规范判断，独立进行规范判断。2005 年全国人大常委会《关于司法鉴定管理问题的决定》将"鉴定结论"改为"鉴定意见"，实际上就是在提示司法人员，鉴定意见只是参考性的，不应无条件地采纳。鉴定人只是法官的助手，只有法官才拥有对案件事实的终局认定权。

关于此问题，最高人民法院第 24 号指导案例提供了很好的素材依据。该案中，被告人王阳驾车碰擦行人即原告荣宝英，致其受伤。交管部门认定王阳负事故全部责任。司法鉴定认定荣宝英一处十级、一处九级残疾，其中损伤参与度 75%，荣宝英个人骨质疏松的体质因素占 25%。一审依据该鉴定意见，扣减了 25% 的残疾赔偿金，二审认为，荣宝英个人特殊体质不属于侵权责任法上的过错，不应作为扣减残疾赔偿金的依据，王阳应承担全部责任。

　　该案虽然是民事案件，但残疾赔偿金的额度取决于损害结果多大程度上应由被告人承担，而这与刑法上对结果进行归责有相近的构造。本案二审判决对一审判决的纠正，正确地认识到了鉴定意见只是裁判的参考而不是依据，法官需要独立进行规范的判断。

　　然而，这样做的问题在于，"伤病关系"条款有可能导致一些案件无法进入后续司法程序，司法人员根本不可能进行独立的规范判断。比如，损伤与既往伤病是同等作用，实际结果是重伤，但根据"伤病关系"条款则需要鉴定为轻伤，此时，即便行为人主观上对重伤有过失，因鉴定意见鉴定为轻伤，而过失致人轻伤不构成犯罪，该案便不可能进入审判程序；同理，损伤起次要作用、既往伤病起主要作用，实际结果是重伤，根据"伤病关系"条款应不予鉴定，此时即便行为人明知对方有特殊体质即故意造成重伤，也无法进入审判程序。这里便产生了处罚的漏洞。

　　因此，要彻底解决"伤病关系"条款的问题，可能要采取第二种方案，即对该条款进行修改。这里可以参考2017年出台的《人体损伤致残程度分级》中"4.3伤病关系处理"的规定：

　　　　"当损伤与原有伤、病共存时，应分析损伤与残疾后果之间的因果关系。根据损伤在残疾后果中的作用力大小确定因果关系的不同形式，可依次分别表述为：完全作用、主要作用、同等作用、次要作用、轻微作用、没有作用。

　　　　除损伤'没有作用'以外，均应按照实际残情鉴定致残程度等级，同时说明损伤与残疾后果之间的因果关系；判定损伤'没有作用'的，不应进行致残程度鉴定。"

这一规定明确区分了事实层面的结果与损伤的作用力，一方面根据实际情况鉴定残疾程度；另一方面又说明损伤对残疾结果的作用力，除非损伤对结果完全没有作用因而确实不应对其负责，损伤作用力的大小均不对事实层面残疾程度的认定产生影响。于是，鉴定意见便只做了科学、事实层面的认定，规范判断的任务则交由司法人员完成。显然，这种规定对司法鉴定的功能定位更加准确。

最后，我想谈一下我在写报告的过程中的两个感想：其一，我们刑法学者过分依赖裁判文书搞真实案件研究，但是却忽视了在我们国家，有很多案件在审判程序之前就已经终止了；其二，可能还需要民法和刑法之间的互动交流，来完善我们刑法的因果关系理论。

主持人：姚建龙

感谢两位青年才俊的精彩报告，接下来进入评议阶段。

二、评议

主持人：高　巍

各位老师，各位朋友好！今天由我和王莹老师做报告评议的主持人。刚刚两位报告人的报告非常精彩，我想借主持的机会，先对陈璇老师的报告谈一些我自己的感想。

第一，陈璇老师试图构建一个可普遍化的检验方法来判断标准人的心素，但是，普遍化的内容或者要素数量其实与可普遍化的程度成反比。普遍化的内容或者要素越少，可普遍化的程度就越高，但标准也就越难以把握；而如果过多的要素被纳入，可普遍化的程度又偏低。

第二，陈璇老师在报告中提及的规范判断标准其实仍然来自对经验的归纳，这种规范标准与理性之间的关系值得思考。

主持人：王　莹

我也稍作一些学术专业上的点评。在第一单元"人身犯罪的因果关系"的第一场报告中，两位主题报告人的报告，都给我留下了非常深刻的印象，陈璇老师对注意义务违反中危险创设判断的衡量这个主题所作的报告，发人深省，触及了过失犯罪中的一些核心问题。此外，陈璇老师是在通说的框架下来探讨过失的界定的，他同时运用了中国本土化的语言，用力素和心素来分析和界定，颇有新意。

我再简单介绍一下评议阶段的规则。评议阶段共有四位评议人，每位评议人有 8 分钟的时间对主题报告人的报告进行评议。让我们欢迎这一阶段的主角，有请第一位评议人，中国政法大学刑事司法学院曾文科副教授。

评议人：曾文科

大家下午好！

我是来自中国政法大学刑事司法学院的曾文科。我们评议人之间大致进行了一个分工，由敬力嘉老师主评议陈璇老师的文章，由我评议丁胜明老师的文章。

丁老师很早就将文章发给我了，因为丁老师的文章跟司法鉴定相关，起初我还在自我怀疑，有没有能力进行评议。后来，我发现，丁老师的文章有很明显的刑法解释学的特点，感觉还是可以略作评议。接下来，我将从文章的价值、对文章所讨论问题的检讨两个方面进行评议。

（一）文章的价值

丁老师的文章选取《标准》中的"4.3 伤病关系处理原则"（以下简称"伤病关系条款"）为讨论对象，从刑法因果关系理论出发对该条款予以规范解读，更准确地说是予以规范性的批判。文章指出该条款存在混淆事实判断与归责判断、技术判断与规范判断、危害结果的认定与因果关系的考察等问题，在此基础上认为有必要对该条款进行修改，以准确定位司法鉴定的功能。

文章将刑法问题与司法鉴定问题关联起来，问题意识颇具新意，即在因果关系理论下，审视《标准》中的伤病关系条款是否具有合理性。此外，文章紧密围绕因果关系判断的二阶段构造，即区分事实上的归因与规范上的归责，严谨地论证了伤病关系条款存在的逻辑问题。另外，文章顾及了实践中基于伤病关系条款降低评价或不予鉴定损伤程度，以至于案件无法进入审判程序导致处罚漏洞等现实问题，为此提出了两种可行的应对措施。可见，在将（人身犯罪的）因果关系理论的应用范围推广至司法鉴定领域，理顺人体损伤程度鉴定与后续刑事审判的分工合作关系等方面，文章具有较高的理论与实践价值。

（二）对文章所讨论问题的检讨

其一，伤病关系条款的射程问题。伤病关系条款存在于《标准》规定的总则中，旨在指导司法鉴定人员对损伤与既往伤/病叠加后造成伤害的案件做出准确的损伤程度鉴定。伤病关系条款只适用于实际造成伤害结果的案件，不适用于造成死亡结果的案件。换言之，故意杀人、过失致人死亡、故意伤害致人死亡的案件中，欠缺适用伤病关系条款的前提，超出了该条款的射程。即便认为伤病关系条款中提出的降低损伤程度等级（4.3.2）或不宜进行损伤程度鉴定（4.3.3）的规定存在问题，但这些规定并不会导致在致人死亡的案件中，因损伤行为与既往伤/病的主次作用关系，而将死亡结果降低评价为伤害结果或不予考虑死亡结果。所以，文章中以"朝一个有'蛋壳脑袋'的人头部扇一巴掌结果将其打死，不可能因为被害人有特殊体质，便认为被害人并未死亡"为例，来说明伤病关系条款导致的结论不合理，未必妥当。

其二，伤病关系条款的理解问题。针对伤病关系条款存在的问题，文章提出：1. 司法人员忽略鉴定意见中的规范判断；2. 对该条款进行修改两种应对措施。采取这两种应对措施的前提，是对伤病关系条款的确不存在进行合理解释的空间，以及伤病关系条款的确会导致令人难以接受的结论。然而，这种前提似乎并不存在。

　　第一，《标准》中的"损伤"具有两种含义。文章提出，"人体损伤程度的鉴定本来应当是关于事实层面发生了何种结果的鉴定，但是，'伤病关系'条款在结果的认定中掺入了'因'即行为作用力和对象个体性质的考量。"根据这种理解，人体损伤程度鉴定只是有关损伤后果的判断，不涉及行为，也不涉及因果关系。可是，"损伤"一词在《标准》中大体存在两种用法，一种是在作为伤害结果的意义上使用；另一种是在作为伤害行为的意义上使用。例如，《标准》将重伤定义为"使人肢体残废、毁人容貌、丧失听觉、丧失视觉、丧失其他器官功能或者其他对于人身健康有重大伤害的损伤"，这里的"损伤"显然是指作为伤害结果的损伤。与此相对，在伤病关系条款中，比较的是损伤与既往伤/病的作用大小，这里的损伤只能被理解为作为伤害行为的损伤。根据《标准》提出的鉴定原则（4.1），司法鉴定人员应当"全面分析，综合鉴定"，所以不仅要对作为结果的损伤程度（重伤、轻伤或轻微伤）做出判断，而且要对损伤行为是否称得上刑法上的伤害行为做出判断。

　　第二，根据文章的看法，伤病关系条款越俎代庖，混淆了结果的认定与因果关系的考察，超出了技术性问题的范围，"实质上在进行归责的判断"。这是因为根据伤病关系条款，当既往伤/病为主要作用，损伤为次要或者轻微作用时，不宜进行损伤程度鉴定，导致在伤害案件中欠缺证明伤害结果及其程度的证据，事实上使行为人不必进入刑事司法程序，不必对伤害结果负责。可是，即便在这种情形下，伤病关系条款也要求司法鉴定人员"说明因果关系"，文章中也坦言"不是说鉴定机构不应在鉴定意见中说明损伤对结果的作用力"。如此看来，伤病关系条款并没有因既往伤/病的存在而僭越因果关系的判断，反而要求司法鉴定人员明确鉴定出损伤行为与结果之间的作用力大小，即起主要作用、共同作用还是次要或轻微作用。既然伤病关系条款没有否定损伤与结果之间的因果关系，那么如何理解其中下调损伤程度等级甚至主张不做损伤程度鉴定的规定呢？可以说，这是对损伤行为是否具有伤害行为危险性的判断。

一方面，当损伤与既往伤/病共同作用，即二者作用相当时，虽然最终出现的是重伤结果，但损伤行为本身不具有造成重伤的危险性时，只能将其评价为轻伤行为；虽然最终出现的是轻伤结果，但损伤行为本身不具有造成轻伤的危险性时，只能将其评价为轻微伤行为。换言之，表面上看，《标准》4.3.2 中没有依据鉴定时被鉴定人客观上作为结果的损伤程度做出判断，但其通过下调损伤程度对损伤行为性质做出了准确判断。如此看来，文章中提到的以下现象，即"损伤与既往伤病是同等作用，实际结果是重伤，但根据'伤病关系'条款则需要鉴定为轻伤，此时，即便行为人主观上对重伤有过失，因鉴定意见鉴定为轻伤，而过失致人轻伤不构成犯罪，该案便不可能进入审判程序"，也并非不可理解。因为此时虽然客观上被鉴定人负有重伤，行为人主观上对重伤也有过失，但其实施的过失行为本身不具有导致重伤的危险性，不应当认定为过失致人重伤的实行行为。

另一方面，当既往伤/病为主要作用，损伤为次要或者轻微作用时，可以说损伤行为不具有造成轻伤以上后果的危险性，不宜将其认定为伤害行为，从而不再进行损伤程度鉴定。文章主张参考《人体损伤致残程度分级》（以下简称《分级》）中的"4.3伤病关系处理"来修改《标准》中的伤病关系条款。但是，《分级》旨在为被鉴定人的致残程度等级做出客观评判，以供解决民事纠纷、申请经济赔偿之用。即便损伤对残疾后果只起到轻微作用，也有必要按照实际残情鉴定致残程度等级作为两造争讼的基本事实。与此相对，根据《标准》做出损伤程度鉴定，服务于伤害类刑事案件中的定罪量刑目的。当某行为本身不具有伤害的实行行为性时，不是从危害结果、因果关系，而是从"危害行为"这一要件上排除了犯罪的成立，也就没有必要再针对客观上被鉴定人所负伤害程度做出鉴定。另外，这种做法也有利于在较早阶段将犯罪嫌疑人排除出刑事司法程序，使其免受长时间卷入刑事程序后的种种不利益。

第三，真正存在问题的是如何确定损伤行为的作用。作为质疑伤病关系条款的例证，文章中指出，"损伤起次要作用、既往伤病起主要作用，实际结果是重伤，根据'伤病关系'条款应不予鉴定，此时即便行为人明知对方有特殊体质即故意造成重伤，也无法进入审判程序"。的确，在明知对方有特殊体质的情况下，即便仅实施轻微的击打，也可能造成行为人所期望的重伤结果，倘若不能追究行为人的刑事责任，结论难言妥当。可是，造成不能追究行为人刑事责任的，不是伤病关系条款本身，而在于对损伤行为作用的确定出现了问题。由于行为人的特殊认知，其损伤行为在意志上支配、利用了被害人的特殊体质。正如间接正犯情形中被利用人的行为应当视作利用人的行为一样，此时特殊体质所起的作用也应当算作损伤行为的作用。如此一来，损伤行为通过对既往伤/病的利用，所起的就不是次要作用，而是主要作用，当然要根据《标准》相应条款进行鉴定。与此相对，当行为人对特殊体质不存在特殊认知时，不存在意志上对被害人特殊体质的支配、利用，损伤行为所起作用与特殊体质所起作用就应当分别判断。

主持人：王　莹

谢谢曾文科副教授，他主要是对第二位主题报告人的报告进行了非常简明扼要的点评。现在，有请第二位评议人，武汉大学法学院敬力嘉老师。

评议人：敬力嘉

大家好！

我是来自武汉大学法学院的敬力嘉。

丁胜明副教授的报告以《标准》中的"'伤病关系'条款"为中心，指出司法实践中存在依据该条款混淆结果鉴定、因果关系判断与归责的问题，提出应参照 2017 年出台的《人体损伤致残程度分级》中"4.3 伤病关系处理"的规定修改该条款。我非常赞同丁胜明副教授的结论，即应明确鉴定意见只作科学、事实层面认定的功能定位，将规范判断的任务交由司法人员完成。

接下来，我想重点跟各位汇报我对陈璇教授报告的学习体会。陈璇教授以"杨存贵交通肇事案"二审裁定书为依据，在肯定该案判决进步意义的基础上，以划定交通肇事罪中行为人注意义务的边界为问题意识，以区分标准人的"力素"与"心素"，通过明确标准人的"心素"限制行为人注意义务违反性为理论进路，最终提出了利益权衡模式下注意义务标准人"心素"的具体判断规则，即先以假定思维判定何种谨慎态度可有效防止注意能力下降，再从规范角度判断该谨慎态度能否成为一项普遍化法则。陈璇教授不仅为本案提供了相较于"社会通常性"更加明晰的解决方案，也为过失犯理论贡献了一种注意义务标准人的设定方法。在《刑法归责原理的规范化展开》一书中，陈璇教授对过失犯理论进行了系统反思，提出的注意义务仍是过失犯论的元概念、注意义务判断应采取一元的行为人标准等观点，也让我深受启发。我仅就注意义务的规范本质，以及行为人注意义务违反性的判断方法提出一点粗浅的看法。

与陈璇教授主张行为规范是法益保护规范，注意义务是能力维持规范，过失犯中规范违反的实现方式具有间接性不同。我认为，过失犯中的注意义务是具体情境下个别化的（谨慎）行为规范，过失犯中的规范违反是直接实现的。过失禁令的对象是身体举止，其意图性与法益并非直接相关，但可以显示特定情景下的法益侵害抽象危险，且这种举止应遵循一般的危险禁令。过失犯的行为规范不同于故意犯罪，其效力往往并非通过对禁止行为的完全不作为来体现，而是通过实施特定安全措施来体现。因此，这些开放的行为规范属于"半封闭系统"：当行为人开始着手实行禁止性行为时，这些抽象的行为规范便具体化为个人的注意义务。此时，通过实施相应安全措施，可以排除由此产生的危险情况。对于过失的行为不法而言，行为人无须思考其行为计划的固有风险，以及行为危险较小的可能性。在满足一般经验规律，并且必须为行为人提供契机的情景中，足以通过这种不需要深入思考的认识来确认其行为风险性。虽然由此产生的注意义务不具备故意犯罪的完全禁令那样的训诫性，但行为人可以根据情景中相关的经验规律来指导其行为。而在所谓无认识过失的情境下，过失禁令不再是"半封闭系统"，而是"复合系统"：行为不会被一般化的危险禁令一律禁止，但若行为人在特定情境下不能遵守为了降低危险必需的最低注意标准，则该行为从容许行为变为禁止行为。

以驾驶行为为例，法律会对车辆驾驶员作出复合型规定，要求其如果不能时刻注意交通状况，则禁止其在道路上驾驶车辆。只要遵守了为降低危险而必需的最低注意标准，参与道路交通在此只能是被容许的风险。当驾驶员眼中不再有道路或交通关系，或注意力不再集中于当前的驾驶行为，这种与一般交通参与相关的被容许的风险，会转变为一种不被容许的风险，即从容许行为变为禁止行为。这个义务要素，是基于自身被禁止危险行为的设计而产生的。如这个义务要素一样，驾驶员对道路交通注意义务规范的对象是一个抽象危险行为，即驾驶的附随后果——驾车参与道路交通是一种特殊危险，这种危险要求行为具有相关的且符合特定标准的警惕性，从而得以在被容许的风险的框架内活动。

回到本案中，交通肇事罪针对驾驶员创设了作为"复合系统"的过失禁令。此过失禁令是否能够具体化为行为人为降低车辆行驶危险所必需的最低限度的行前检查义务，须在本案具体情境下，结合法律法规、一般行业规范要求以及车辆行驶状况进行判断。依据本案事实，杨存贵尽到了为降低车辆行驶危险所必需的最低限度的行前检查义务，应当认为他已经具备了法秩序所期待的谨慎态度。

两位教授的报告没有直接探讨因果关系的认定，都将重点放在了归因与归责的区分，并从我国的法律规范与实际判例出发，对人身犯罪的归责进路进行了卓有成效的本土化探索，充分体现了刑法教义学研究的实践面向，令我获益匪浅。

以上是本人学习两位教授报告的一些心得体会，请大家批评指正！

主持人：高 巍

接下来我们有请第三位评议人，上海市人民检察院第四检察部胡春健主任！

评议人：胡春健

对于丁胜明老师的报告，我认为有以下值得肯定之处。

首先，丁胜明老师的报告具有较好的实践指导意义。报告的切入口非常小，就是围绕司法鉴定中的伤病关系处理原则展开。在我们司法实务中，涉及被害人特殊体质的案例不在少数，这些案例大多具有较多疑难点且极易引发社会舆论热潮。如前段时间出现的一个案例：一老人在超市偷拿3个鸡蛋，营业员责怪、拉扯该老人，该老人随后心脏病发作死亡。针对具有特殊体质的被害人，在行为人对其人身实施了一定行为，被害人遭受了损伤后果的情况下，如何认定加害行为和损伤后果之间的因果关系，如何衔接个案和类案的判断标准，是当前的疑难问题。如果处理不当，往往会带来司法的不公平。因此，论文从司法鉴定中的伤病关系处理原则切入，指出该处理原则具有导致司法擅断的倾向，并提出了解决的路径和措施，对司法实务具有较高的指导意义。

其次，报告否定伤病关系处理原则所具有的导致司法擅断的倾向，符合司法趋势。一方面，司法解释有类似的明确规定。最高人民法院、最高人民检察院于2019年7月1日出台实施的《关于办理利用未公开信息交易刑事案件适用法律若干问题的解释》第2条规定："内幕信息以外的其他未公开的信息难以认定的，司法机关可以在有关行政主（监）管部门的认定意见的基础上，根据案件事实和法律规定作出认定"。根据该司法解释，司法机关可以结合案件事实和法律规定单独作出涉案信息是否属于未公开信息的独立认定。同样，在交通肇事罪中，对于交通事故的责任认定，司法机关同样可以进行独立的判断，这在司法实务中亦不鲜见。因此，行政主管部门以及司法鉴定部门对案件事实和责任作出的判断，不必然影响司法人员的判断。或者说，司法人员并不一定要依据前述判断，作出相同的判断。这是符合当下的法律适用趋势的。另一方面，伤病关系处理原则存在不合理之处。正如报告中所提到的，在2005年全国人大常委会《关于司法鉴定管理问题的决定》中，将鉴定结论改为鉴定意见，就已经表明鉴定机构出具的鉴定结果并不具有必须被适用的强制性，而是作为意见，由司法机关结合案件事实和证据作出进一步判断，包括采信、部分采信以及完全推翻等几种情形。而伤病关系处理原则的三种情形，正如报告中所提到的，不仅仅是在对伤病进行鉴定，而是已经超越了技术判断上升为规范判断，已经上升到加害行为和损伤后果的刑法意义上因果关系的判断。

此外，报告中提到，因为伤病关系处理原则考虑了归责问题，侵夺了司法人员的判断权，可能会导致归责判断的恣意化和非专业化。但作为实务部门的工作人员，我想要指出的是这种情况可能存在，但并不绝对。因为在司法改革之后，司法人员往往会进行独立的判断。也就是说，通常情况下，并非唯鉴定意见论。而且，在不少案件中，还会出现不同鉴定机构对同一案件事实出具不同甚至截然相反的鉴定意见的情况，此时，司法工作人员也要结合案件事实和证据采信进行独立判断。

最后，至于报告中所提及的对伤病关系处理原则的修改意见，我完全赞同。理由也是刚才所谈到的，该原则容易导致司法擅断。司法鉴定意见原则上就是对危害后果做科学、事实层面的认定，不能涉及规范层面的判断。

对于陈璇老师的报告，我也简单地谈一些看法。

首先，报告谈及的"杨存贵交通肇事案"与近期发生的"货拉拉事件"有点类似。"货拉拉事件"中，同样也涉及是否追究车主责任的问题，因此，可以认为，报告与司法实务有较为紧密的结合。

其次，我完全赞同报告所提出的观点。报告在明确"标准人"判断的步骤、"标准人心素"的规范内涵以及"利益权衡"

的论证方面都具有较大的创新，具体如下：

其一，在判断某一行为是否违反了注意义务时，报告提出了"标准人"的概念，并提及了两个方面的判断标准，即力素和心素。对此，我个人非常赞同。与"社会通常性的标准"相比，"标准人"的概念以及力素和心素的标准更为具体和清晰。

其二，在确定判断"标准人心素"的思路时，报告所提出的"利益权衡模式"具有一定的创新性。报告还提出，应当通过"两步走"来判断"标准人心素"：第一步，借助事后假定性的思维来确定何种谨慎态度才能有效防止注意能力下降；第二步，从规范角度判断该谨慎态度能否成为一项普遍化的法则。我个人认为非常可取。此外，报告中谈到，采取反向逆推思维的顺序来做规范的考察，即"避免结果发生→要求何种能力→要求何种谨慎态度"，我认为，这样的认定思维具有合理性。

再次，我认为，"标准人"与"社会通常性的标准"的异同点并非十分明显。就"杨存贵交通肇事案"而言，在车辆出发前，采用何种方式来检测车辆的制动功能，是技术检测还是经验常规检测？在我看来，采取"标准人"还是"社会通常性的标准"进行判断，并不会有十分明显的区别。我个人感觉，在各种类型的犯罪中，"标准人"和"社会通常性的标准"的界限仍然较为模糊。例如，在"货拉拉事件"中，如果最终认定司机构成过失致人死亡罪，那么则是认为在当时的情况下，作为司机，在意识到被害人拉下车窗（必然有一定的过程）从车窗爬出（也必然有一定过程）时，有必要采取回避结果的措施。因此，其不作为的行为与被害人的死亡结果之间具有刑法上的因果关系。对此，我们的判断既可以被理解为采取了"社会通常性的标准"，也可以被理解为以"标准人"为参照。因此，我十分疑惑，对于实务而言，"标准人"与"社会通常性的标准"二者之间的界分在什么地方？二者究竟只是概念用语的区分，还是存在实质上的差异？

最后，报告中提到了对危险信号的考察，主要围绕信号的含义和信号的可辨识度展开，并将危险信号分为三个等级，理论上的论证较为清晰明了。但在司法实务中，尤其是具体到案件的当事人，如何对危险信号进行判断，标准仍然不可"一刀切"。

主持人：高　巍

接下来有请最后一位评议人，盈科扬州刑事部王宇主任。

评议人：王　宇

大家下午好！

接下来，我对两位报告人的主题发言发表一些学习心得，请各位批评指正。

陈璇老师的《危险创设判断中的利益衡量》一文，以"杨存贵交通肇事案"二审裁定书为引，指出了注意义务边界划定涉及的标准人问题。在他看来，标准人为避免结果发生所必要的认知能力，需要具备两个要素——"力素"和"心素"。既有理论和实务常常关注力素，但后者，即法规范所期待的谨慎态度，对于注意义务的规范限制更有重要意义却又经常被忽略。"杨存贵交通肇事案"则鲜明地体现了对标准人心素的功能和作用的重视，并据此将行为人应当具备的谨慎态度限定在通常试车检查方式所体现的水平之上，而非提升到须借助特定技术设备才能检测出来的范围和程度之上。

较为遗憾的是，该案关于心素的思考范式采用了在陈璇老师看来并不妥当的"社会通常性模式"。因为通常并不代表着正当，且社会通常性往往较为直觉和浅表，并不触及注意义务的核心。在此前提下，陈璇老师进而指出，利益权衡模式的可取性源于作为过失责任自身特别的内在要求，且由注意能力的相对稀缺所决定。

紧接其后，陈璇老师又详细阐述了标准人心素的判断准则。该准则并不涉及行为人所追求的具体目的，且不以严格的数字量化为趋向。其更多地与设定一项限制公民自由、具有普适性的法律义务何以具备正当性的问题有关。具体而言，陈璇老师主张借助事后假定性思维，从规范视角出发，对注意义务标准人心素加以判断，并最终回归至对杨存贵交通肇事案的分析：将行为人具有的谨慎态度调低至一般行前检查方式的水平，从根本上能够最大限度地实现保障交通安全和维护行车自由两者的平衡。

陈璇老师的论文通过对"社会通常性的标准"进行反思，探索性地提出了利益权衡模式，并且将之具体化，从而为从标准人心素限制注意义务范围提供了具有可操作性的准则，为我们提供了新的视角、纬度和方法论。

接下来，我谈一谈对丁胜明老师的文章《司法鉴定中的伤病关系与人身犯罪的因果关系》的看法。

丁老师借助实务界常有的"被害人特殊体质"类案件，提出当前司法鉴定中存在着以结果为导向的逻辑颠倒。这实则混淆了结果的认定与因果关系，不应在考察因果关系之后倒回去更改事实层面结果的定性，损伤对结果的作用力大小不应作为确定结果等级的考量因素。实际上，损伤对结果作用力的大小与行为人是否对结果担责以及对何种程度的结果担责，是两个不同的问题。在鉴定机构对事实层面的结果作出鉴定之后，还需要考察这一结果能否归责于行为，即便客观上能够归责于行为，也可能因为行为人主观上欠缺对被害人特殊体质和严重结果的预见可能性而得出无罪的结论。当然，并不是说鉴定机构不应在鉴定意见中说明损伤对结果的作用力，而是鉴定机构不应因为作用力较小就不作鉴定或者自行下调结果的等级。

丁老师还提出，我们应当参考 2017 年出台的《人体损伤致残程度分级》中"4.3 伤病关系处理"的规定，明确区分事实层面的结果与损伤的作用力，使损伤作用力大小不能对事实层面残疾程度的认定产生影响。

丁老师的论文为我们诠释了司法鉴定中伤病关系条款所存在的逻辑缺陷，同时，也为我们提供了解决的路径、方案，即鉴定意见只做科学和事实层面的认定，规范判断则由司法人员完成，这也是司法鉴定的新的功能定位。

最后，我分享几点体会：

第一，无论是选择何种模式、居于何种立场，我们始终应当坚持客观归责；否则，一切的刑法规范判断就缺乏了逻辑起点。其实从思维方法上看，规范性思考也就是在贯彻客观归责论。

第二，在判断因果关系时，应当区分事实的因果关系和法律的因果关系。我们在进行事实判断之后，还需要完成规范判断，事实判断与规范判断存在内在的逻辑联系。事实因果关系的成立是前提，法律的因果关系是在条件关系得以肯定的基础上所需要进一步判断的对象。

第三，在法律因果关系的判断规则方面，在成立条件关系进而确定客观归属时，需要在确定实行行为的基础上，分别审查实行行为和介入因素的贡献度。实行行为具有引起结果发生的高度危险性的，原则上就需要对结果担责。而对于介入因素，在介入被害人因素时，判断因果关系的标准则在于介入因素是否异常，这对结果归属更有意义。

总之，因果关系与客观归责并非对立，我们应当通过理性判断，将因果关系作为结果客观归责于行为人的一个标准。

主持人：高　巍

这个阶段的四位评议人的评议都非常到位，也非常准确。他们都前前后后看了很多遍论文，而且也都有自己的心得体会。第一场报告的评议阶段到此结束。

第二场报告

主持人：付玉明（西北政法大学刑事法学院教授、《法律科学》
　　　　　　编辑）

　　　　　李　强（中国社会科学院法学研究所助理研究员、《法
　　　　　　学研究》编辑）

　　　　　童伟华（海南大学法学院教授）

　　　　　曹　坚（上海市静安区人民检察院副检察长）

　　　　　杨玉洁（北京大学出版社编辑）

　　　　　彭文华（上海政法学院刑事司法学院教授）

　　　　　周　详（中南财经政法大学刑事司法学院教授）

　　　　　赵运峰（上海政法学院教授、《上海政法学院学报》副
　　　　　　主编）

　　　　　陈罗兰（浙江农林大学法学院副教授、《法治研究》副
　　　　　　主编）

报告人：李　川（东南大学法学院教授）

　　　　　孙运梁（北京航空航天大学法学院教授）

评议人：李　波（中国海洋大学法学院副教授）

　　　　　张志钢（中国社会科学院法学研究所副研究员）

　　　　　黄冬生（上海市长宁区人民检察院副检察长）

　　　　　康　烨（盈科上海刑事部主任）

一、报告

主持人：付玉明

按照会议的议程安排，主持人应当充当绿叶陪衬的角色。我们都希望自己能够承担好这一角色。这个环节主要由我和中国社会科学院的李强老师主持，接下来，我们有请李强老师进行具体主持。

主持人：李　强

由于时间关系，下面我们就直接进入正题！第一个报告人是东南大学的李川教授，题目是《医疗介入时人身伤害因果判断的争议与厘清》，报告时间是 20 分钟。

报告人：李　川

医疗介入时人身伤害因果判断的争议与厘清

今天我给大家报告的题目是《医疗介入时人身伤害因果判断的争议与厘清》。

存在介入因素的因果关系认定一直是困扰刑事司法实践的难题之一。在人身伤害案件中，介入因素导致因果关系判断困难的典型情形是被害人接受医疗后的结果与伤害行为之间因果关系的认定。人身伤害行为发生后被害人得到医疗救治的情形非常常见，然而医疗过程的不确定性和复杂性，如被害人不遵医嘱、被害人或其亲属消极或放弃治疗、医疗过错等，也导致医疗结果受多重因素影响，更加难以预测，进而时常引起伤害行为与结果之间的因果关系判断争议。在司法实践中，对于医疗介入因素影响下人身伤害案件因果关系的判断，仍然时常存在着判断标准模糊与认定结论随机的问题，"案件类似，结论相反"的现象时有出现，因此，有必要在结合相关因果关系理论的基础上，对医疗介入时人身伤害因果关系的判断进行深入检视。通过厘清实践争议，我将尝试给出合乎法理且可行的判断基准。

（一）医疗介入时人身伤害因果判断的具体争议与实践逻辑

我选取了 4 个典型案例，来梳理医疗介入时人身伤害因果判断的类型化情形，分析医疗介入时人身伤害因果判断的具体争议与实践逻辑。

案例 1：巫仰生、谢礼盛等人故意伤害案（《人民法院案例选》2013 年第 1 辑）

2010 年 12 月 2 日巫仰生、谢礼盛等人殴打被害人许某源，许某源被打倒在地。许某源于受伤当日被送到医院住院治疗，经积极治疗病情相对稳定。经鉴定许某源系头部重伤昏迷，伤残程度一级。2011 年 3 月 24 日医院应许某源家属的要求，对许某源拔除气管插管，降低用药档次，并于同年 4 月 1 日停止输液。许某源在拔除气管插管和停止输液 9 个多月后，于 2012 年 1 月 8 日死亡。法院认为，巫仰生等人的行为与被害人死亡之间的因果关系因被害人家属要求医院拔除气管插管、停止输液等拒绝治疗的行为所中断，因此，不能成立。原因在于在巫仰生等人的伤害行为之后，又介入了独立于先前的伤害行为之外的被害人家属主动要求拔除气管插管、停止输液等多个独立于伤害行为的积极因素，并最终导致被害人死亡。

案例 2：罗望等人聚众斗殴、故意伤害案（《人民法院案例选》2019 年第 8 辑）

2015 年 5 月 3 日，被告人之一罗望持钢管抡打被害人许士贵头部，致其脑部重伤。当日许士贵被送往医院救治，经紧急治疗后呈植物生存状态，8 月 9 日经鉴定，右额颞顶部损伤程度为重伤二级，伤残等级为一级伤残。在病情稳定后被转入普通病房。2016 年 3 月 1 日因未能续付护工工资，许士贵家属将其留置在医院，不再负责护理，医院为许士贵提供基本生命支持用药和基础护理。2016 年 4 月 15 日，许士贵因突发呼吸、心搏骤停经抢救无效被宣布临床死亡。法院认为，曾学平等人的致害行为是导致许士贵死亡的根本原因，许士贵家属消极不配合治疗护理这一介入因素不足以阻断曾学平等人的犯罪行为致被害人死亡的结果。

案例 3：邵某故意伤害案（《人民司法》2015 年第 10 期）

邵某与被害人许某到派出所处理邻里纠纷时发生厮打，邵某将许某左手拧伤，造成左手中指近指间关节脱位，经法医鉴定构成轻微伤。许某未按照主治医师医嘱进行理疗锻炼并谨慎活动手指，出院后左手中指指间关节僵直，经法医鉴定构成轻伤。判决认为邵某犯故意伤害罪，造成被害人轻伤，伤害行为与轻伤结果之间因果关系成立。其理由在于医疗行为作为阻断伤害结果发生的因素，不是多因一果案件的致害原因，致害人不能给被害人设置接受医疗、理疗和锻炼的义务，被害人不进行理疗和锻炼不构成过错。致害人不能因此对扩大的伤害减免责任。

案例 4：陈美娟投放危险物质案（《刑事审判参考》第 276 号）

2002 年 7 月 25 日晚 9 时许，陈美娟用一支一次性注射器从自家农药瓶中抽取半针筒甲胺磷农药后，潜行至陆兰英家门前丝瓜棚处，将农药打入瓜藤上所结的多条丝瓜中。次日晚，陆兰英及其外孙女黄金花食用了被注射有农药的丝瓜后，出现上吐下泻等中毒症状。送医后黄金花经抢救脱险；陆兰英因甲胺磷农药中毒引发糖尿病高渗性昏迷低钾血症，医院对此诊断不当，而仅以糖尿病和高血压症进行救治，陆兰英因抢救无效于次日早晨死亡。判决认为，尽管有医院诊治失误这一介入因素，但被告人的投毒行为与被害人的死亡结果之间仍存在刑法上的因果关系。判决的主要理由是：投毒行为所诱发的糖尿病高渗性昏迷低钾血症是一种较为罕见的疾病，很难正确诊断。被害人并未出现非常强烈的中毒症状，镇医院医疗水平有限，诊治失误可以理解。所以出现医院诊治失误这一介入情况并非异常，该介入情况对死亡结果发生的作用力较小，被告人本身的投毒行为具有较大致死可能性，因此，因果关系仍然成立。

这 4 个案例典型地代表了人身伤害案件中对被害人医疗时可

能存在的三大类介入因素：案例 1 与案例 2 是被害人家属有妨碍医疗的行为，如要求或直接实施停止医疗行为；案例 3 是被害人有妨碍医疗的行为，如不接受治疗或错误妨碍治疗；案例 4 是存在医疗过错的行为，如未治疗、未及时治疗或错误治疗。

通过观察上面的 4 个典型案例，可以发现司法实践在判断人身伤害案件中介入因素影响因果关系时的思路逻辑以及可能存在的争议。

1. 反映的争议

从案情来看，案例 1 与案例 2 都有它们的共性，也就是严重伤害行为有致死的危险，但被害人都被及时送医治疗，初次鉴定都是重伤或严重伤残，在医疗过程中，家属有妨碍治疗的疏失行为，最终被害人死亡。可是，在认定伤害行为与死亡结果的因果关系时，案例 1 中的法院认为家属治疗上的疏失阻断了伤害行为与死亡结果的因果关系；案例 2 中的法院却认为家属治疗上的疏失不能阻断因果关系因而因果关系成立。可以说，对于类似的案情，两个判决得出了相反的结论。虽然案例中具体伤情、家属治疗疏失的程度以及被害人延后死亡的时间有所差异，但是判决书也并未体现出这种具体差异因素如何影响因果关系的判断标准，通常仅直接给出了介入影响医疗的行为是否中断因果关系的结论。

案例 3 罕见地从义务与责任分配的意义上来推断因果关系，以被害人不负自我治疗义务为理由认为其不应承担伤害后果扩大的责任，即便被害人不遵医嘱造成伤情扩大也应由行为人负责，由此倒推扩大的轻伤后果与伤害行为之间存在因果关系。但由此而来的争议，是因果关系的判断完全演变成了一种划分责任的规范评价，难以保证因果关系的客观性与事实性。

案例4采用了介入因素是否异常、作用力大小等作为能否中断因果关系的判断指标，但是产生争议的是，对异常及作用力本身的判断缺乏明确的标准，使用"诊治失误可以理解""作用力较小"等相对模糊及主观性的表达来否认介入因素的异常与中断因果关系，可能本身就会见仁见智，基于不同立场会得出不同的判断结论。

2. 司法实践的判断逻辑

从上述案件可见，司法实践在判断介入因素对因果关系影响的时候，要么缺乏明确标准或理由（案例1与案例2），要么以因果关系之外的因素来作为标准（案例3），但也有少量案例给出了所谓的普适性标准。例如，案例4作为典型判例，判决中其实给出了一定的介入因素影响因果关系的判断标准："如果介入情况并非异常、对结果发生的作用力较小、行为人的行为本身具有导致结果发生的较大可能性的，则应当肯定前行为与结果之间存在刑法上的因果关系。"

这个判断标准在之后的张校抢劫案（《刑事审判参考》第685号）中得到了进一步的认可。该案的案情大致为：被告人张校趁被害人翻找钥匙开门之机，持刀上前抢被害人的挎包。因被害人的呼救、反抗，张校持刀连刺赵的前胸、腹部、背部等处十余刀，抢得被害人的挎包一个后逃离现场。被害人被闻讯赶来的家人及邻居送往吉林省人民医院抢救。次日12时许，被害人因左髂总静脉破裂致失血性休克，经抢救无效而死亡。在该案中，患方认为致死原因是腹部一静脉未缝合，导致大量出血死亡；而法院最终认为，该案不存在医疗事故，也即介入因素对于因果关系的成立未产生影响。

由此，实践中形成了介入因素是否中断因果关系的三重性标准：在先行为对结果的作用力、介入因素的异常性和介入因素对结果的作用力。对在伤害案中判断医疗介入因素对因果关系的影响，这一标准无疑在司法实践中起到了一定的明晰作用。但是接踵而至的问题，是这个三重性标准是否能够解决争议，得出相对合理一致的因果关系判断的结论。我认为，就前述案例而言，应用三重性标准还存在疑问。

一是"作用力""异常"等用语存在模糊性，使这一标准在具体适用时可能因主观看法差异而结论不一，上述案例中家属放弃治疗是否算异常因素、能否认为放弃对昏迷的被害人的治疗对死亡结果的作用力更大等都可能产生见仁见智的不同看法。二是对因果关系有无的定性判断却以比较作用力大小的定量判断为依据，容易产生判断困难。作用力大小是相对于何种基准而言不甚明确，需要达到什么程度才能中断因果关系也不太清楚。进一步而言，还可能出现伤害行为与异常介入因素的"作用力"性质根本不同，而不存在可比较性的问题。三是三重标准之间的相互关系与判断逻辑还需要进一步明确。比如，需要判断在先的伤害行为与介入的医疗因素对结果的作用力大小，无论二者是此消彼长或有无先后的逻辑关系都可能会影响最终的判断结论。又如，是否在先的伤害行为作用力足够大，就可以完全不需要再判断其他两个因素？

（二）理论见解与分析的立场

其实，一直处于持续发展中的因果关系诸理论学说为因果关系判断提供了相对丰富的原理标准。无论是属于传统的因果关系理论的偶然因果关系判断或因果关系中断说，还是后来新兴的因果关系理论，如禁止溯及理论（条件说）、经验的相当性判断（相当因果关系说）、危险的现实化判断（客观归责理论）都试图为存在介入因素的因果关系判断提供一定的理论标准。但是司法实践采纳上述理论成果的程度相对有限。一方面，因为不同因果关系理论仍然存在明显的差异与争议，实践中即便希望采纳理论成果也可能无所适从；另一方面，司法实践中借助《刑事审判参考》《最高人民法院案例选》中的典型案例，形成了一种司法实践中相对承继的独特判断逻辑。受此影响，目前，因果关系理论上的新发展，还不能说对司法实践中介入因素情形下的复杂因果关系认定产生了明显的积极影响。接下来，我根据因果关系理论对医疗介入情形下人身伤害因果关系这一典型复杂情境进行分析，希望能够将司法实践传统逻辑与因果关系理论结合起来，为介入因素下复杂因果关系的判断提供一定的基准。

首先，由于理论上对因果关系有不同的界定，因此，在结合理论进行分析之前，我们需要对在何种意义上使用因果关系进行明确。我采用的是广义的因果关系定义，认为因果关系既包括经验意义上的事实因果流程判断，也包括规范评价意义上确定结果可归责于行为的结果归属判断。其次，考虑到因果关系理论的复杂性与我本场报告的篇幅，在报告时，我不对不同观点展开评价，只针对讨论主题，从清晰理据的意义上确定本文使用的具体原理。这并不代表我排斥或者反对未采用的其他理论，仅代表我在进行报告时的论述角度。最后，需要提醒一点，因果关系的判断并不能代表刑事责任的最终结论。

考虑到事实因果关系的分析原理对实践已有较大的影响，而归责原理应用仍然有限，或者还混淆于归因之中。为了尽可能地提供精细且有适用价值的结论，我在进行报告时的立场是：在事实的因果流程判断层面采用条件说；在规范评价意义上采用危险的实现或危险的现实化理论，也即客观归责论的第二、第三规则中的部分子规则。其中，危险的实现又涉及两个层面的判断：一是行为的危险是否在规范性意义上朝向结果发展；二是行为的危险实现是否被新的其他危险实现所取代。前者需要从行为时一般人视角进行判断，后者则应当基于事后的视角综合全部客观因素来进行判断。

（三）具体的应用分析

接下来，基于上面所声明的立场，我将从事实的因果关系和规范的结果归属两个层面，结合案例来阐明医疗介入时人身伤害因果关系的判定基准。

1. 事实的因果关系：通常成立

作为第一层次，在先判断的是事实的因果流程，这是判断因果关系的基础层次，如果无法肯定就不需要再进行后续的规范判断。对此，应当基于存在论的立场，根据条件说判断事实因果流程，而通常的人身伤害行为与伤亡结果之间都具备事实上的因果关系，这一点不受被害人是否接受医疗以及如何接受医疗的影响。因为从事实因果流程出发，如果没有前置伤害行为，被害人就不可能受到医疗救治，也就不可能有所谓的接受医疗后的结果。当然，这里面不排除存在所谓择一因果、重叠因果的特殊情形，但条件说都通过特殊规则，补充认定了这些特殊情形。

需要说明的是，作为条件说补充的所谓的中断论或回溯禁止理论认为，有意识地影响结果的有力行为会切断前置行为的因果关系，如由家属有意放弃被害人的治疗而导致的被害人死亡可能会切断伤害行为与死亡结果的因果关系。不能否认，这种观点可能是成立的，但所谓的中断论或回溯禁止理论实际上已经超越了条件说所处的事实因果判断的层面，进而包含了一定的规范判断，所以是第二层次的问题。在早期没有清晰区分归因与归责时，可以说，作为补充的中断论或回溯禁止理论起到了解决归责问题的有效作用。但按照我之前所说的立场，我其实是把所谓的因果关系中断或禁止回溯要解决的因果关系问题放到了第二个层次进行讨论。

2. 规范的结果归属：判断核心

在第二个层次，需要判断的是规范意义上的结果是否可归责于行为的问题，这一判断是解决医疗介入下伤害因果关系认定的核心。如果仅仅考虑事实因果关系，将可能导致结果无限回溯归责于行为的困境。因此，我们需要在事实因果关系成立的基础上，在规范语境下讨论结果归责于行为的问题，具体到我这场报告的主题，也就是在有被害人接受医疗的情形下，最终结果如何能归责于伤害行为的问题。

　　在结果归属的意义上判断归责，其核心问题是，危害行为所制造的危险是否实现为实害结果。就客观归责的立场而言，这一判断可以从以下两个方面进行：一是行为的危险是否在规范性的意义上朝向结果发展；二是行为的危险实现是否被新的其他危险实现所取代，从而不在构成要件的效力范围内。结果归属通过判断危险实现，相较于司法实践中强调作用力大小的三重因素标准而言，更加清晰稳定，也适用于更为复杂的案件的分析，并符合规范评价的需求。

　　其一，我们需要判断，行为的危险是否在规范性的意义上朝向结果发展。对此，需要判断的是：一是结果发生是否在行为危险的范围之内；二是结果是否具有回避可能性；三是结果发生的流程是否符合危险行为的规范保护目的。在此，我想要说明一点，在危险朝向结果发展的过程中，导致危险暂时降低的情形并不影响结果归责于行为。同时，对于上面第一点的判断，需要明确伤害行为产生的是何种危险以及危险的范围，才能判断结果发生是否在行为危险范围之内。所以，对行为产生的危险范围的判断虽然不是因果关系判断的内容，但的确是因果关系判断的前提。应从行为时一般人的标准来判断行为的危险范围。第二点判断则是为了将不具有回避可能性的结果排除在危险实现的规范评价之外。第三点判断的目的在于通过规范目的实现刑法评价的规范功能，保证危险实现的流程不会脱离规范目的的范围。

　　其二，还需要判断行为的危险实现过程是否被新的其他危险实现所取代。这点属于传统因果关系中断论的判断领域。它包括：是否出现了其他新创设的向结果转化的危险进程；原行为危险实现进程是否被新的危险实现所排斥、替代。在进行上面的判断时，复杂的是在原行为的危险与介入因素新创设的危险因素共同造成实害结果时，该如何认定？我的立场是，只要原行为的事实因果流程持续发生影响，即便只是对结果起部分作用，也应该认为原行为危险未被新的危险所替代。

3. 具体判断与案例应用

就医疗介入时人身伤害因果关系的判断而言，在确定了事实因果关系成立的基础上，结果归属标准便具有了因果关系成立的核心判断意义：第一，如果本来的伤害行为仅具备导致较轻实害结果的危险，被害人接受治疗之后反而出现了更重的结果，即便无法查明医疗过失或被害人及其家属的行为与更重结果之间的因果关系，也不能将结果归责于伤害行为，因为较重结果已经超出了行为危险的范围。第二，如果行为本身有造成实害后果的危险，经过有效的医疗，控制住了危险向结果的发展进程。但是，如果由于医疗过错、被害人行为或被害人家属的行为，导致本已被控制的危险失去控制，发展为实害后果，那么并不影响结果归属于伤害行为。当然，还需要经过结果可回避性与规范保护目的的检验。第三，如果医疗过错、被害人行为或被害人家属行为等创设了新的导致实害结果的危险，其危险实现完全替代、排斥了原行为的危险实现，则应当否定实害后果与原行为之间的因果关系。此处的医疗过错、被害人行为或被害人家属行为等行为的规范性质问题，如犯罪行为、偶然行为等，都与原行为因果关系的判断不相关。如果不是新的危险实现完全替代原行为的危险实现，而是两种危险合并实现，原行为与新的因素合并导致实害后果，那么，不能中断原行为与结果之间的因果关系。

按照以上标准来分析我报告中所提到的案例，在判断其因果关系时可能需要更多的案件信息，分析更多可能存在的复杂情形。

1. 案例1和案例2都需要判断暴力殴打行为是否有造成死亡的危险。首先，如果可以判断伤害行为只会造成伤害危险而无死亡危险，则在经过治疗，被害人病情平稳之后，被害人家属停止治疗而使得被害人死亡的结果就超出了伤害行为的危险范围而不能归责于伤害行为。其次，在暴力伤害行为有致死危险的情形下，在案例1中，虽然被害人死亡时间距离殴打发生的时间较远，但是最终导致被害人死亡的危险仍然来自于殴打行为。被害人只是经过有效的医疗而病情稳定，其死亡的风险被暂时降低。有效的医疗只是暂时控制了危险不会持续地实现为结果，被害人家属要求停止治疗的行为并未创设新的死亡风险，只是使本已被控制的风险重新向结果发展并最终实现为死亡结果。应当认为，因果关系仍然得以成立。最后，案例2与案例1稍有不同，虽然同样是被害人家属要求停止治疗，但医院仍然维持了对被害人的治疗，最终被害人依然因伤势过重而死亡。可以说，医疗行为未能控制伤害行为的致死危险发展为死亡结果，因果关系能够成立。

2. 案例3的判决从义务与责任的分配意义上来推断因果关系，虽然带有规范评价的意味，但却完全以责任分配的规范评价取代了客观的因果关系判断，超出了因果关系的判断内涵，混淆了刑事责任的判断层次。以危险实现标准来认定案例3中的因果关系也需要区分情形：一是伤害行为是否存在造成轻伤的风险；二是还需要看被害人不遵医嘱而致使轻伤的行为到底是原有伤害行为风险的实现，还是被害人新创设风险的实现。如果被害人只是不遵医嘱，消极不理疗与锻炼，则轻伤结果只是原有轻伤风险的持续实现，因果关系成立。但如果被害人不遵医嘱还体现为不顾伤势强行活动受伤指关节，那么应认为是被害人的行为创设了新的致害风险并实现为轻伤后果，由此，也实现了新创设的风险对原有风险的替代，轻伤后果与伤害行为之间的因果关系就不能成立。

3. 案例 4 同样可以用危险实现标准予以分析。其一，用针在丝瓜中投毒的行为所引发的危险范围是否包括致死结果，需要结合行为时的一般人立场进行分析。考虑到被害人死亡是毒剂、自身疾病与医疗疏失的共同结果，因此，难以直接推断投毒剂量是否致死，还必须从一般意义上明确，行为人向丝瓜分散注射的投毒剂量是否有致死危险。如果未达到可致死的剂量，则难以认定投毒行为产生了致死危险。但如果投毒人注射的剂量是通常的致死剂量，致死则在危险的范围之内。其二，假设投毒行为可能存在致死危险，那么，接下来需要判断致死危险是否被具体实现。被害人的死亡结果在事实上是由中毒、被害人自身疾病与医疗疏失因素所共同导致的。被害人自身疾病结合医疗疏失的介入因素的确也创设了新的致死风险，但这一风险是与投毒后的中毒风险合并引发死亡结果的。因此，介入因素的风险实现并未完全替代、排斥原投毒行为风险的实现，投毒行为的致死风险仍然得以实现，致死结果仍应归属于投毒行为，可以认定因果关系成立。

通过行为危险的实现这一规范评价原理丰富因果关系的判断标准，可以为医疗介入时人身伤害因果判断提供更为明确的实践判断指标，部分缓解传统司法实践中所谓作用力、异常判断相对模糊、随机的问题。这不仅可以厘清部分因果关系判断的争议，也可以为判断因果关系时提取有效相关案件信息、明确关键案件事实提供具体指引。大家有兴趣的话，可以再去阅读文稿，如果有什么问题，我们可以进一步交流。

主持人：李　强

下面是第二位主题报告人，北京航空航天大学法学院的孙运梁教授，他的论文题目是《客观归责理论的本土化：立场选择与规则适用》。

报告人：孙运梁

客观归责论的本土化：立场选择与规则适用

今天我报告的题目是《客观归责论的本土化：立场选择与规则适用》。

客观归责理论现在是刑法学研究的一个热点话题。我国台湾地区对该理论的研究开始得比较早，而在中国大陆学界，研究该理论的最大推动者是陈兴良教授。陈老师在 2006 年第 2 期《法学研究》上发表的关于客观归责理论的论文，拉开了我们刑法学界研究客观归责理论的序幕。据我统计，最近四五年来，我们法学核心期刊中，主题为客观归责以及因果关系理论的论文，占到了 1/7，这个比重相当大。而且我们的研究也越来越精细化，已经细致到二级标题乃至三级标题，内容也不再仅仅是理论的介绍，而且还关注司法实务的具体应用。

我今天的报告分为两部分，第一部分研究立场选择问题，第二部分解决客观归责在实践中的具体规则适用问题。

（一）立场选择：因果关系与客观归责的功能界分

在改革开放的大背景下，了解、学习、借鉴国外的法学理论是必要的。就刑法理论来说，德国、日本的理论对我国的影响是巨大的，德日的学说开拓了我国学者的视野，促进了我国的刑法知识生产。同时，也为司法者处理案件提供了可以选择的工具。正如在医疗领域，德日已经制造了设计缜密、操作稳定、检测准确的医疗设备，我们完全可以采购来使用，没有必要再去费劲研发。当然，我们完全可以在此基础上进行改进、改造、改善，以使其适合我国的具体情况，即将其本土化。就我所关注的客观归责理论而言，其在德国诞生，德国学者的研究文献已经汗牛充栋、琳琅满目。相对地，在德国司法实务上，客观归责论的影响远没有在学界那般强烈。然而，理论学说上"墙内开花墙外香"的现象不乏其例，一直以来积极学习德国的日本，其判例上的思考方法非常亲近于客观归责论。考虑到德日作为我国刑法理论的主要"供给地"，我在报告中，将主要考察客观归责论在德日的状况并作出取舍。

作为同样大量、深入继受德国刑法理论的东亚国家，日本学界和判例对客观归责理论的吸纳和发展，十分值得我国学者观察。日本刑法学者对客观归责理论的态度已经从单纯介绍到积极借鉴，一些有影响力的日本学者的著作中，已经结合客观归责理论对原有的因果关系学说进行了改造乃至替代，与客观归责理论判断框架有渊源的"危险的现实化理论"正在变得有力。

既然日本学者已经结合本国的传统学说以及司法判例对客观归责论进行了理论发展，形成了危险的现实化理论，那我们到底是适用德国的客观归责论还是日本的危险现实化论呢？接下来，让我们来比较分析一下德日的理论学说。

现代的客观归责理论诞生于德国，尤其以德国当代刑法学家罗克辛的理论学说为代表。按照罗克辛的理论构建，客观归责理论包括制造法所不容许的风险、实现法所不容许的风险、构成要件的效力范围三大主规则。在各个主规则之下，又包括若干下位规则：（1）制造法所不容许的风险之下，又包括没有制造风险时排除归责、降低风险时排除归责、创设可容许风险时排除归责（如信赖原则）和假设的因果流程不能排除归责。（2）实现法所不容许的风险之下，又包括行为与结果的常态关联（因果流程重大偏异时排除归责）、不允许的风险没有实现时排除归责（结果的可避免性）、注意规范保护目的范围外的结果排除归责和合法替代行为和风险提高。（3）构成要件的效力范围之下，包括自我（被害人）负责领域（同意他人造成的危险、故意自危时的共同作用）和他人（第三人）负责领域。被害人如果同意行为人对自己造成危险，或者行为人参与被害人故意自伤行为，那么按照被害人自我答责原则，在被害人负责范围内的结果，不能归责给行为人。这样做的理论根据在于，每个人原则上只能对自己的行为及其结果负责，这样便在客观归责层次上针对不同主体明确划分出各自的负责领域，从而有效限定归责的范围。构成要件的效力范围止于第三人专属的负责领域，在他人专属领域内发生的结果由该人独立负责。第三人负责的典型情形有，消防人员救火、医生治疗病人、警察处置危险等，这些都属于应对危险的专门性职业活动。特定职业的从业者，负有特殊的权限，他们以专业方式掌管、监控危险源，其行为不受局外人干涉，由此造成的结果也不能归责于最初的行为人。

客观归责逐步发展成为独立的客观构成要件要素，已经在德国刑法学的通说中成为评价结果犯的客观构成要件的必要要素，这也引起了学界对因果关系判断与客观归责架构的反思。客观归责论坚持二元区分的立场，即在归因的基础上进行归责，首先进行事实判断，确定构成要件行为与构成要件结果之间存在条件性的因果关系，然后进行规范性的价值判断，评定结果能否归责于行为，能否作为行为人的作品让行为人领受。具体来说，通过条件理论所确定的条件，只是结果归责的必要条件而不是充分条件；行为如果不是结果发生的条件当然不能将结果归责于该行为，但是行为属于结果发生的条件还应当另外进行客观归责判断，才可能成立结果归责。换言之，在因果层次解决结果原因问题，通过条件理论来完成；在归责层次解决结果归责问题，通过客观归责论来完成。客观归责论将因果关系限定于事实因果关系，其他的法律判断在客观归责论的框架下另外进行。

日本刑法学界长期以来引介德国的理论学说，当然也包括刑法（广义）因果关系学说，如条件说、相当因果关系说、客观归责论等。但是，日本刑法学界并非简单移植德国的学说，而是结合本国的判例，努力将外来学说本土化，其对于客观归责理论的态度就是一个很好的例子。日本正在流行的危险的现实化理论正是刑法学者立足于日本的传统理论学说，在认真研习法院判例的基础上，融合客观归责理论的思维和方法提出的。在因果流程中，如果能够评价为实行行为的危险现实化了，就能够肯定事实性因果关系和结果归责。

在日本，学说意图在事实因果关系（根据条件关系来判断）的基础上再对刑法上的因果关系做出限定。在因果关系的限定上，日本主流观点主张的理论框架有两个方面内容：一是实行行为的概念；二是相当因果关系说。在判断因果关系的理论学说中，相当因果关系说受到多数学者的支持、赞同。在学说内部，学者们争论最多的问题是相当性的判断根据问题。也就是说，以什么样的资料作为基础来判断相当性。然而，以"大阪南港案"（最决 1990 年 11 月 20 日刑集 44 卷 8 号 837 页）为转机，学界开始注意到，在相当因果关系说中，相当性的判断方法并非明确清楚，甚至存在不妥当之处。

在日本的因果关系学说史上，"大阪南港案"值得关注。该案表明，在判断因果关系时，以因果流程的通常性作为重要的判断标准有时是存在问题的。该案案情是：被告人对被害人实施了暴力行为，造成被害人内因性高血压颅内出血，被告人把被害人转移到大阪南港的一处材料堆放点后离去。第二日凌晨，被害人被发现死亡，死因是内因性高血压颅内出血。在被害人死亡前，有第三人用木棒殴打了被害人头部，导致颅内出血扩大，可能稍微提前了被害人的死亡时间。对于该案，日本最高裁判所认为，"被告人的暴力形成了属于被害人死因的伤害，在这种情况下，即使之后有第三人介入施行了暴力从而可能提前了死亡时间，仍然能够认定被告人的暴力与被害人死亡之间有着因果关系"。这样一来，即使是在因果流程中介入了第三人的故意犯罪行为，判例仍然认为存在着因果关系。该判例通过这种说理明确指出，即使因果关系中有异常性介入，也不能否定实行行为与法益侵害结果之间存在因果关系。由本案判决理由可以看出，相当因果关系说面临着危机。以该案为源头，学者们对相当因果关系说产生了一种新的理解：在考察因果关系存在与否的时候，判断的标准应当是实行行为对结果的影响力。这正是危险的现实化说的重要思想。也就是说，如果要肯定因果关系的存在，那么，就要求实行行为的危险性已经通过结果而现实化了，即结果实际实现了实行行为的危险性。近些年来日本最高裁判所的一些判例体现了危险的现实化说的思想，如"日航飞机危险接近案"（最决2010年10月26日刑集64卷7号1019页），针对本案飞机危险接近致乘客受伤，日本最高裁判所认为，"这是行为人错误的下降指令的危险性现实化的情形，因而，该错误指令与危险接近之间存在着因果关系"。该判例便明确使用了危险的现实化这种措辞。

判例的这种立场获得不少学者的支持，在最近的理论发展中，危险的现实化说作为因果关系的判断标准，逐渐变得有力。受客观归责理论的影响，从正面探讨实行行为所内含的危险是否在结果中得以实现受到重视。前田雅英教授认为，客观归责理论虽然是与相当因果关系说在相当大的程度上有所重合的思考方法，但日本判例中关于因果关系的思考方法是从裁判时的视角出发，把行为后的情况也考虑进去，从而确定行为与结果的联结。相当因果关系说是以行为时的相当性判断为核心，与之相比，日本判例的思考方法对客观归责理论更加具有亲和性。山口厚教授直截了当地说，将因果经过理解为实行行为的客观危险性现实化的过程这样的立场，可以说与基于规范的考虑来判断能否把结果归责于行为的客观归责理论已经没有什么差别了。

实行行为性的概念意味着其存在导致结果发生的具体危险性，同时，实行行为与结果发生之间的因果经过，可以等同评价为这样一个过程，即实行行为中内含的危险性经由结果发生这种形式得以实现。在实行行为中能够识别出的造成构成要件结果的危险性现实转化为构成要件结果的流程，恰恰可以说是实行行为造成构成要件结果的因果流程的实质、核心内容。并且，这种观点也与下述立场是相吻合的，即通过要求实行行为必须具备造成构成要件结果的现实危险性，从而限定实行行为的范围。如前所述，根据危险的现实化说的观点，如果可以评价为实行行为中内含的危险性已经作为侵害结果实现时，则肯定存在刑法上的因果关系以及行为的可归责性。而且，在一些实务疑难案件中，虽然结果已然现实发生，却存在着结果归责认定上的困难，这时，按照危险的现实化说的主张，起决定性作用的是要判断导致现实中具体结果的危险性能否被评价为内含于实行行为之中。

我认为，鉴于我国因果关系理论的研究缺陷，当今我国刑法因果关系理论的可行发展路径就是明确划分因果关系与规范归责，将因果关系理论的发展重点聚焦在完善事实判断的规则上，也就是结合科学知识完善条件关系的判断规则，以此确定因果关系之后，还要进行结果归责的判断。

日本的危险的现实化说着重强调实行行为制造出来的危险在具体的结果中实现这样的判断，可以说这种思想与德国的客观归责理论有着类似之处。但是有必要指出的，是日本的判例、学说并非全面支持客观归责理论。客观归责理论是从规范的而非事实的视角，探讨是否制造不被容许的危险以及这种危险是否实现，由此确定结果能否归责于行为，可以说其内容已经超出了因果关系理论。比较来看，日本的危险的现实化理论并非是与德国的客观归责理论重合的，它采纳、借鉴了客观归责论的一部分内容，主要涉及第二个规则"实现法所不容许的危险"和第三段规则"构成要件的效力范围"。客观归责论的第一段规则"制造法所不容许的危险"基本可以对应日本刑法理论中的实行行为论。如果可以断定实行行为的危险性向结果现实化了，那么就自然可以说行为与结果之间存在事实上的关联。过去的日本学说将因果关系分成两个阶段来检验，即事实的关联（根据条件说判断）与规范的限定（根据相当因果关系说完成）。与之不同，危险的现实化说认为只要聚焦于危险性的现实化就足够了，也就是将事实关联的判断与规范限定的判断合二为一。

在日本，学界对于刑法上因果关系论的理解本来是，其不仅止于事实因果关系的判断，还需要进行法律判断。相当因果关系说最近的发展趋势是，尝试吸纳客观归责论的内容。日本学者没有普遍采纳客观归责论，原因在于，与德国的因果关系通说是条件说不同，日本的通说是将实行行为性与相当因果关系结合起来。在日本，倘若认可以宽松的标准来判断相当性，实际上能够吸纳客观归责论主张的制造危险和实现危险的理论框架，所以，日本有学者认为并无必要特别地建立另外的判断框架。另外，日本学界对采用客观归责论犹豫不决的原因还在于，客观归责论覆盖的内容非常广泛，已大大超出了传统因果关系论的判断框架，还涉及过失论、正犯论和共犯论、刑法分则的解释论等。

　　客观归责论提倡法律规则的规范评价，它鲜明的特色在于明确界分出事实判断与价值评价两个层次，在其分析框架中归责评价成为一个单独的逻辑层次，它将危险的法定容许程度作为具体尺度，根据规范保护目的作整体衡量。在客观归责论的各段规则之间有着逻辑上的位阶顺序，首先考察是否制造法不容许的危险，再考察该危险是否在因果流程中实现，最后检验构成要件的效力范围，比起危险的现实化理论将危险的现实化分为直接实现型与间接实现型，客观归责论的规则体系设计得更加精巧、周密，对结果归责判断的规则约束更加有章可循。客观归责论建立了精致的、层次性的规则体系从而拥有了实用性，它为司法机关提供了一套在进行结果归责判断时可操作的理论工具，解决了司法实务中由于欠缺具体规则指引而难以"讲理"的问题。

　　危险的现实化理论并未明确划分归因与归责两个层次，这实际上是要求因果关系论承担事实性与规范性二重任务，将归因与归责混同起来，如果像这样将两小步合并为一大步，可能是无法走好的。倘若在我国现有理论发展水平上采纳日本的危险现实化理论，那就会在没有将结果原因与结果归责做出区分的情况下，将各种规则标准纳入危险的现实化理论框架进行分析操作，这就既造成原有的因果关系理论不能廓清地基，又使归责评价的任务附加到因果关系理论上。如此一来，这种缺乏逻辑层次的分析工具对司法实务的指导意义非常有限。与危险的现实化理论相对静态、一次性完成判断的理论模式不同，客观归责论按照递进式的逻辑层次来建构规则体系，其归责的判断过程是动态的、分步骤的，从而在确保每一步精确的基础上，保证整体判断的准确性。

　　之所以强调明确区分归因与归责，分成两个阶段来进行判断，是基于以下原因：首先，方法论对于人文社会科学研究来说具有重要的指导意义，其中一个重要的方法论就是坚持事实与价值的区分，具体到刑法研究来说，在不同阶段上判断归因与归责，明确二者的界分，可以有效地解决我国传统因果关系理论将事实判断与价值判断相混同的弊端。其次，在具体内容、判断标准上，归因理论与归责理论具有明显的不同，归因理论表现出平面化的特征，其内容相对单一；归责理论表现出立体化特征，其内容相对复杂，相对于归因理论，归责理论内含的规则更丰富，承担的功能更具规范性、价值性。最后，现代社会工业化进程飞速发展，机械力量广泛使用，社会分工不断细化、复杂，风险社会已然来临，与之伴随的是法益遭受侵害的可能性极速加大，法益面临的风险数量和质量的快速增长均要求刑法的反应更加及时、精确、谨慎，如此便对刑法上的规范归责在准确性、合理性上提出了更高的要求，然而，只进行单纯逻辑判断的归因理论不能胜任筛选风险、分流评价的功能。

　　客观归责论坚持了事实因果关系判断与结果归责判断的界

分，体现了阶层式犯罪论体系的思维方法，从而展现了教义学规则的精密性、实用性。因此，在比较德日的理论研究之后，我们的立场应当明确，那就是借鉴德国的客观归责论来推动我国因果关系理论的发展，即区分事实因果关系与结果的规范归责，使因果关系理论回归其事实判断的功能定位，以客观归责理论的精细规则来判断结果对于行为的可归责性，从而更好地发挥客观构成要件的罪刑法定保障机能。

（二）规则适用：以客观归责论分析海淀区人民法院的判决

海淀区人民法院审理过一起案件，该案的基本案情是：

　　2015 年 5 月 6 日，被害人（女，殁年 24 岁）在被告人所经营的北京某美容有限公司实施吸脂手术，过程中被害人因注射利多卡因等麻醉药物导致不适。被告人与其朋友王某等人将被害人送往仁和医院治疗，后因被害人病情严重，被转入重症监护室治疗。5 月 8 日 16 时许，被告人不顾医务人员的病危劝告，冒充被害人的姐姐，在医院的《病危病重通知书》《自动出院或转院告知书》上签字，强行将被害人接出医院，并用私家车将其送回暂住地，导致被害人未得到及时医治。同日 22 时许，由于病情严重，被害人联系王某，王某与被告人取得联系后，将被害人先后送往四季青医院、304 医院进行救治，后被害人于次日 16 时许在 304 医院死亡。经鉴定，被害人系急性药物中毒导致多器官功能衰竭死亡。

关于该案更多的细节，可以参见北京市海淀区人民法院（2018）京0108刑初1789号一审刑事判决书。

在该案的刑事判决书中，法官运用了客观归责论的思维和术语去分析结果的归责和客观构成要件的符合性，使用了诸如"事实因果关系""结果归责""制造法所不容许的危险""降低危险""增加危险""行为与结果的常态关联""第三方因素""被害人自我答责"等用语，这些用语正是客观归责理论的一些关键术语。可以说，该判决书是在深受客观归责论影响下所书写的一份法律文书，值得类似案件的裁判者研究和借鉴。下面我们首先运用客观归责论对本案进行"标准化"分析，尝试建立客观归责论在我国的司法运用模型。然后，以此为参照，评析海淀区人民法院判例的得失。

1. 以客观归责论对该案进行"标准化"分析

第一步，我们需要进行因果关系的事实判断。鉴定报告表明，被鉴定人因急性药物中毒而多器官功能衰竭死亡。在案证据已经证明，被告人对被害人进行了吸脂手术的前期准备工作，为被害人注射了利多卡因等药物。之后，被害人出现了急性药物中毒，虽送医治疗，仍然死亡。按照条件关系公式，没有被告人为被害人注射利多卡因等药物，被害人就不会出现急性药物中毒，也不会死亡，所以，被告人的行为与被害人的死亡之间存在因果关系。

第二步，在此基础上，按照客观归责理论来检验死亡结果的归责。

首先，被告人制造了法所不容许的风险。被告人在不具有医师执业资格的情况下，为被害人注射了利多卡因等处方类药物，严重威胁了被害人的身体健康和生命安全，使被害人出现了急性药物中毒反应。被告人虽然将被害人送往医院治疗，但又强行中断了被害人在重症监护室的治疗，并不顾医生的劝阻，将被害人带离医院，以私家车而未使用救护车将其送至租住处，贻误了宝贵的抢救时间。被告人虽派人照看被害人，但在医院已经下达了病危病重通知的情况下，被告人仍然离京去外地，这是被告人对被害人生命安全的漠视。最终，在被害人的再度要求下，被害人被转入他院治疗，最终死亡。按照第一个判断规则的下位规则，本案没有排除归责的情形。被告人对被害人创设了严重的生命危险，这不被法律所允许，被告人不但没有降低该危险，反而增高了死亡的风险。

其次，被告人实现了法所不容许的风险。被害人死时只有24岁，应属生命力旺盛的自然人。被告人为被害人注射药物，使被害人因药物中毒、多器官功能衰竭最终死亡。这个因果流程是正常进行的，行为与结果之间存在常态的关联，不存在因果流程重大偏离的问题。如果被告人履行必要的注意义务，不去为被害人注射处方类药物，被害人不可能药物中毒，此时是存在结果避免可能性的。相关法律、法规要求对药品、美容项目分级管理，处方类药物必须凭医师处方才能获得，要求医疗美容必须由具备医疗资格的美容机构、具有医师执业资格的人执行，正是为了将药物、美容手术对人体的风险控制在合理的范围内，即使发生危险也能立即排除或者降低。但本案被告人无视法律、法规的规定，其不具备医师执业资格，其经营的美容院也不具备医疗机构资质，其对被害人注射处方类药物，造成被害人生命的丧失，这正是相关法律、法规的规定所要防止的风险，被害人的身体健康和生命安全正处于这些规范的保护目的范围内。可以说，如果被告人实施了合法的替代行为，也就是不对被害人实施医疗性美容项目，那么根本不会发生生命危险。因此，不但基于事实的角度，而且从规范上考虑，被告人所创设的为法律不允许的风险在被害人的死亡结果中实现了。

最后，从构成要件的效力范围来看，该案的死亡结果不能由第三人负责，也不能由被害人自我答责。一方面，被害人的死亡结果不能由医生负责。接诊的三家医院及其医生，都尽到了合理的注意义务，均按照行业标准进行了正常的医疗。尤其是第一家接诊的医院，向被告人下达了关于被害人的病危病重通知书，在被告人要将被害人带离医院时进行了劝阻，劝阻无效时，还要求被告人使用救护车将被害人带离医院，这体现了对被害人生命安全的担忧，对被害人生命危险恶化的防范。所以，该案虽然涉及多家医院、多名医生，但他们都尽力挽救被害人的生命，努力降低被害人的生命危险，被害人的死亡结果不可能归责于这些专业人士。另一方面，该案的被害人虽然同意被告人对其进行吸脂手术，但我们应当注意，被害人同意的是合理风险范围内的吸脂手术，绝对不是严重危及生命安全的吸脂手术，被害人并不同意被告人对其身体健康安全造成威胁，更遑论生命危险。事发后，被害人配合医生的治疗，并要求被告人将其送医治疗，也说明被害人珍视自己的生命安全。被害人虽然没有反对被告人带其离开第一家医院，而且在后续两家医院也隐瞒了在第一家医院就诊过的事实，有一些不配合医生询问的反常行为，但这是因为被告人主导了出院行为，被害人对被告人具有高度的依赖，自己又无钱治疗，其愿意配合被告人的一些错误言行，其也只能依赖被告人对其进行治疗。因此，死亡结果不可能由被害人自我答责。

综上，被告人的注射药物行为与被害人死亡之间存在因果关系，而且该死亡结果应当归责于被告人。被告人的行为该当过失致人死亡罪的客观构成要件。

2. 对该案判决书裁判理由的评析

第一，该案判决书体现了区分归因与归责的法律逻辑。例如，判决书认为："现已查明该吸脂手术系在被告人所经营的北京某美容医院有限公司内实施，故可以肯定被告人的吸脂手术行为与被害人的死亡结果之间存在事实因果关系。"再如，判决书中指出："事实因果关系的存在是依法追究被告人相关刑责的必要而非充分条件。本案情况较为复杂，不仅要查清死亡结果是否该归责于被告人，还得查清在多大程度上要归责于被告人。为厘清被告人的行为对死亡结果的成因力有无及大小，必须从刑法规范角度，对其行为的归责问题进行分析。"在法官看来，事实因果关系是"必要而非充分条件"，在此基础上，还要考察"结果是否归责于被告人"。"从刑法规范角度，对其行为的归责问题进行分析"，这就体现了法官归因与归责分开判断的思维，符合阶层式犯罪论体系所要求的事实判断优先于价值判断的位阶关系，有利于构成要件该当性的判断，有利于对被告人行为的准确定性。

第二，该案判决书借鉴了客观归责理论的判断规则和思维，如"制造不被法律所容许的危险""阻止他人降低危险的行

为""被害人的死亡结果与被告人的上述风险制造行为存在常态
关联""被害人的死亡结果系由被告人的涉案行为所直接导致"
"因果关系并未被第三方因素中断""被害人自身存在一定过
错，但并不能对死亡结果自我答责""不足以认定被害人需对手
术风险及出院行为自我答责"等。

判决书认为："被告人对被害人注射了利多卡因等药物，对
被害人的身体健康造成了直接危害，危及其生命，制造了法不容
许的危险。该危险一直存续至被害人死亡时至。"其中，"制造
不被法律所容许的危险"对应于客观归责理论的第一个判断规则；
"被害人的死亡结果与被告人的上述风险制造行为存在常态关联"
"被害人的死亡结果系由被告人的涉案行为所直接导致""因果关
系并未被第三方因素中断"，则体现了客观归责理论的第二个判
断规则，即法所不容许风险的实现；"被害人自身存在一定过
错，但并不能对死亡结果自我答责""不足以认定被害人需对手
术风险及出院行为自我答责"，则体现了客观归责理论的第三个
判断规则，即构成要件的效力范围，具体来说，就是结果是否由
被害人自我答责。

第三，按照阶层式犯罪论体系的逻辑，该案的判决书也存在
一些值得商榷的地方。

首先，判决书认为，"被告人的违法行为制造了法不容许的
危险""进入刑法规制视野的行为都必须具有违法性，同时具有
社会危害性，即要制造不被法律所容许的危险""被告人的行为
具有实质上的违法性，被害人的死亡结果应该归责于被告人"。
实际上，制造法所不容许的危险只是客观归责理论的第一个判断

规则，而客观归责针对的是客观构成要件要素，结果能够客观归责于行为，才能说行为具备构成要件该当性，也才能说行为具有违法性。也就是说，具备客观归责性是行为具有违法性的前提，认为"被告人的违法行为制造了法所不容许的危险""进入刑法规制视野的行为都必须具有违法性，即要制造不被法律所容许的危险""被告人的行为具有实质上的违法性，被害人的死亡结果应该归责于被告人"，这在逻辑上是有问题的。因为我们应当先判断结果的客观归责，再判断行为的违法性，而不是相反，或者同时判断。而且，也只有行为在形式上该当构成要件，我们才能在实质上说该行为具有社会危害性，或者说行为具有实质的违法性。

其次，结果是否归责于行为，只有肯定与否定两种回答，而判决书认为，"还得查清在多大程度上要归责于被告人"。虽然最高人民法院出台的《关于审理交通肇事刑事案件具体应用法律若干问题的解释》规定："第1条：从事交通运输人员或者非交通运输人员，违反交通运输管理法规发生重大交通事故，在分清事故责任的基础上，对于构成犯罪的，依照刑法第133条的规定定罪处罚。第2条：交通肇事具有下列情形之一的，处3年以下有期徒刑或者拘役：（一）死亡1人或者重伤3人以上，负事故全部或者主要责任的；（二）死亡3人以上，负事故同等责任的；（三）造成公共财产或者他人财产直接损失，负事故全部或者主要责任，无能力赔偿数额在30万元以上的……"但这里的"事故责任""全部责任""主要责任""同等责任"，应当是指交通参与人对交通肇事行为所应被分配的客观责任，并不是指交通参与人对事故后果所应承担的责任。或者说，不是指事故后果在多大程度上能够被归责于交通参与人。该案既然已经查明被告人的行为与被害人死亡后果之间存在因果关系，在此基础上，只需要基于规范的视角，继续判断死亡后果能否归责于被告人。所谓"查清在多大程度上要归责于被告人"其实还是在事实层面上"厘清被告人的行为对死亡结果的成因力有无及大小"，这还是局限在事实层面的考察，我们应当跃出事实层面进入规范层面的价值判断。

最后，判决书并没有明确区分客观归责理论的第二个判断规则"实现法所不容许的风险"与第三个判断规则"构成要件的效力范围"。判决书认为，"被害人的死亡结果与被告人的上述风险制造行为存在常态关联""被害人的死亡结果系由被告人的涉案行为所直接导致"，这均体现了被告人对被害人制造的死亡风险在结果中实现了。但是，在"常态关联"的标题之下，判决书又讨论了医生治疗、被害人自身过错等问题，而这里涉及的是第三人（专业人士）负责与被害人自我负责的问题。我认为，最好在另外的部分即构成要件的效力范围中进行论述。

虽然在风险实现的过程中，会涉及第三方因素、被害人自身因素。但是，在风险的实现阶段，主要需要考察的是因果流程有无重大偏差、结果的可避免性、规范的保护目的、合法替代行为等。该案中，构成要件的效力范围也特别值得讨论，该案涉及多家医院、多名医生，被害人也存在一定过错。是否他（她）们的行为能够排除将结果归责于被告人，也是判决书需要重点着墨的地方。如果判决书能够分层次、分阶段地讨论，可能论证过程会更清晰，结论也更有说服力。

总而言之，我认为，瑕不掩瑜，这份判决书还是非常好的。后来我同办案的法官沟通交流了一下。他说，在实践中，已经有很多法官愿意使用客观归责理论来判断因果关系，学界继续客观归责理论的研究，将来一定会对实务部门产生越来越大的作用。

主持人：李　强

谢谢孙运梁教授的主题报告！

第一届实务论坛我也参加了，今天听了这一届论坛的前两场报告，以及第一场报告的评议部分，我发现，相比于第一届论坛，各位青年学者报告的实务性增加了许多。在我看来，第一届论坛的报告更像是严谨的学术论文，而这种呈现形式不太适合面向实务部门。实务界的同人的主要任务是解决司法实践中的问题，对于法学研究中的具体概念，他们不需要也很难像学者一样梳理归纳得十分精细和体系化。因此，这次论坛的主题报告人在写作方式上的改变，我认为是非常好的。

另外，我认为，如果要将客观归责理论推广至实务界的话，需要完成的第一个任务就是阐明客观归责理论背后的刑法思维，向实务部门诠释它的观念和精神。第二个任务才是形成司法实践中运用客观归责理论的具体的规则体系。而且，应当避免过分使用"行业黑话"。我感觉，目前刑法教义学的"黑话"可能太多了。有时，我开会报告刑法论文时，就有其他的老师说，你别报告了，因为你的报告我也听不懂，"黑话"太多了！

总之，学界在宣传客观归责理论时，应当先尽量揭示、阐明客观归责背后的理论和道理，然后再去讨论客观归责的具体规则以及一些"行业黑话"，这是一个循序渐进的过程。如果我们一上来就普及这些"黑话"的话，估计很难起到实效，也不利于理论和实务界的交流沟通。

下面有请付玉明教授！

主持人：付玉明

一直以来，因果关系、客观归责与司法实践的关联都较为紧密，也是非常值得研究的疑难问题。今天两位报告人所作的主题报告都非常精彩。李川教授对传统因果关系理论进行了梳理和评析，提出了自己的新的理论创建，并结合具体的应用场景进行分析。孙运梁教授则着眼于客观归责理论进行讨论，也强调了本土化的构建。当然，学术可以争鸣，哪一种路径更为适合，可能还有待实践部门的检验。

二、评议

主持人：杨玉洁

在我们这个环节的四位评议人中，有两位是学者，两位是实务专家。后面的评议环节交由童伟华教授和曹坚检察长来负责，下面把时间交给他们。

主持人：童伟华

今天的论坛非常强调理论和实务相结合。我认为，促进理论和实务的交融，的确对我们的理论研究很有帮助。另外，实务界同人的理论水平确实也已今非昔比，今天听了他们的点评之后，我感触很深。

因为时间关系，下面我们直接邀请中国海洋大学法学院的李波副教授来给我们做一个评议。

评议人：李　波

我是李波，来自中国海洋大学法学院。下面我就抛砖引玉，就李川老师与孙运梁老师的两篇文章简要谈谈我的看法。

李川老师的《医疗介入时人身伤害因果判断的争议与厘清》，从四个案例出发，对司法实践中，当人身伤害案件存在医疗活动的介入因素时，结果归责的判断方法进行了深入和细致的分析。他认为，在对这一类案件进行因果判断时，司法实践存在着判断标准模糊、判断结论随机的问题，这也造成了诸多同案不同判的现象。李老师认为，司法实践在判断这一类案件的因果关系时通常采用了相当因果关系说，但是，相当因果关系说的核心标准即先行为对结果的作用力、介入因素对结果的作用力以及介入因素的异常性，不仅缺乏更具体的判断规则，而且标准内部也存在自相矛盾之处。对此，李老师提出的解决办法是放弃相当因果关系说，转而借助于德国刑法学中的客观归责理论来解决上述问题。

　　无独有偶，孙运梁老师的《客观归责论的本土化：立场选择与规则适用》也主张将客观归责理论本土化，以解决我国刑事司法实践中因果关系判断领域的诸多疑难问题。孙老师以北京市海淀区人民法院审理的"刘香某过失致人死亡案"为例，详细地分析了客观归责理论在过失致人死亡案中的适用。

　　我认为，两篇文章至少有三个共同点：其一，两篇文章都是从司法实践出发，主张在结果归责领域以客观归责理论替代传统的必然与偶然因果关系说或者相当因果关系理论。其二，两篇文章都主张区分事实归因与规范归责，都强调了规范判断在结果归责中的重要性。其三，两篇文章都没有简单照搬德国客观归责理论，而是结合中国刑法理论与实践进行了一定的修正和本土化。比如，李老师提出的规范的结果归责的两个要件："行为的危险是否在规范性的意义上朝结果发展"以及"行为的危险实现过程是否被新的其他危险所取代"，就不是德国客观归责理论原来的"配方"，而是经过了改造。

　　这就给我们提出了一个问题：刑法中结果归责的发展方向是什么？目前，在这个领域中，是一个多套话语体系并存的局面。理论上主张客观归责理论的见解比较多。但是，实务中还在大量使用必然与偶然因果关系理论以及相当因果关系说，这就造成了许多沟通上的问题。其实，这些不同的理论学说在刑事司法实践中具有共同的目的和判断对象，只是判断基础、结构与标准有所不同。比如，在日本非常流行的相当因果关系说，它的目的也是为妥当地进行结果归责服务。它和德国客观归责理论一样，也都具有诸多规范性评价的部分。与客观归责理论不同的，是相当因果关系理论不包含实行行为的判断，相当性的判断是以实行行为为前提的，客观归责理论则将实行行为的判断也包含了进来。而且，与客观归责理论强调事实与规范的二分相比，相当因果关系理论不太重视事实与规范的区分，其中还融合了大量的经验判断。其实，很难说这两种理论孰优孰劣。在有些问题上，二者只是存在术语使用上的差异。比如，相当因果关系说中的"行为的作用力"与客观归责理论中的"结果是否发生在行为危险的范围之内"（危险的射程），其实是一回事儿。

我认为，在处理结果归责领域多重话语体系并存的问题时，至少应注意以下三点：第一，随着规范论的兴起，在结果归责中强调规范判断无疑是正确的，但是，不必硬性区分事实的归因与规范的归责。因为即使在归因部分，也时常有经验性或规范性的价值判断的参与，如约翰内斯·韦塞尔斯所言："认定因果关联，永远只是根据规范的目的来提出结果归责问题的一个辅助手段。"第二，在结果归责的判断中仍应重视经验判断，后者体现了社会一般人的价值观。结果归责大体上可以分为"事实→经验→规范→政策"四个层面，四个层面的判断都应该是限缩性的，它们共同划定刑法中结果归责的妥当范围。第三，在结果归责中，不可避免地会存在法官的自由裁量。比如，作为归责基础的事实的划定以及在判断过程中对经验、规范、政策等因素的使用，都有法官的价值判断的参与。可以说，结果归责的下位规则越多、越具体，法官判断的恣意性就越小。客观归责理论在这方面显然具有较大优势，但其不能也不应该拒绝其他理论的某些合理成分。

最后，我想就李川老师在文章中提出的有关危险现实化的具体规则，谈一点自己不成熟的想法，向李老师请教。这些规则无疑是从一些案例中归纳和抽象出来的经验规则，要成为教义，还需要在更多案件中经受检验。

比如，第一个规则："如果伤害行为仅具有导致较轻结果的危险，被害人接受医疗之后出现了较重的结果，不能将较重结果归责于行为人"。由于在确定危险的射程问题上，李老师主张一般人标准，如案例4中，李老师就是根据一般人的情况来确定毒药的致死量的。可如果被害人恰巧是一个体质比较弱，对毒药的承受量不及一般人的人，行为人只放了对一般人来说50%致死量的毒药，被害人就死了。在这样的案件中，如果仅认定被告人成立伤害而非致死，似乎说不通。

又如，第二个规则："在行为本身有导致伤害后果的危险，经有效医疗危险得以控制，此时介入医疗过失或被害人行为或被害人家属行为导致病情恶化，不影响结果向被告人的归责。"第三个规则："如果医疗过失、被害人行为或被害人家属行为创设了新的危险，其危险实现完全替代排斥了前行为的危险实现，则实害后果与原行为不能成立因果关系。"这两个规则的差别在于介入因素能否创设新的危险并替代被告人的行为导致结果的发生。若能，则结果归责于介入因素，若否，则结果仍将归责于前行为。但是在下面这种案件中，适用上面的两个规则可能会出现难题：甲对被害人丙实施残忍的打击，致其身受致命伤，送医之后恰巧遇到身为医生的仇人乙，乙故意延迟对丙的救治，并对其注射超量的某药剂，导致丙当场死亡。丙的死亡应归责给甲还是乙？在这个案件中有两个风险，两个风险均足以致死。在这种状况下，无论是危险的射程理论还是危险的替代理论，都很难得出妥当的结果。如何判断一个危险已经完全替代并排斥其他行为的危险并现实化为结果，可能还需要更加具体的判断规则。

主持人：童伟华

下面，有请下一位点评老师，中国社会科学院法学研究所的张志钢老师。

评议人：张志钢

坦率地说，我对因果关系理论没有进行过特别深入的研究，不像李川老师和孙运梁老师，他们都是在这个领域长时间深耕细耘、上下求索，并且有大作出版的学者。因此，我与其说是进行评议，不如说是发表一些学习体会。

从两篇论文的题目来看，孙运梁教授的论文《客观归责论的本土化：立场选择与规则适用》是从宏观角度探讨刑法中因果关系的立场选择，李川教授的论文《医疗介入时人身伤害因果判断的争议与厘清》是从微观视角讨论因果关系的判断规则。从行文内容，特别是文中所选的案例来看，两篇文章的问题意识相同，关切的都是在医疗行为介入情形下出现人身伤害加重（包括死亡）时，如何判断因果关系，并尝试为司法实践提供更为清晰的判断步骤和规则。基于上述体会，我的评议集中在以下两点：一是比较两篇论文的相同与不同；二是在此基础上提出我的看法和疑惑。

（一）相同与不同之处

1. 两篇论文的相同之处

其一，两篇论文的立论基础相同，均坚持了相同的因果关系论的体系定位与功能区分。在因果关系的定位上，两篇论文均主张，因果关系是结果犯中认定客观构成要件成立的必要条件。在因果关系内容上，两篇论文均采事实与规范二元论的立场，强调事实层面的结果原因与规范层面的结果归属的二分。在判断顺序上，两篇论文都遵循先以条件说归因，而后在归责层面进行规范判断的判断顺序，且论述的重点和重心均在后者。

其二，两篇论文选取的切入案型相同。李川老师列举的 4 个相关疑难案件以及孙老师选取的曾获全国优秀裁判文书奖的案件，都是医疗行为介入后出现了人身伤害加重（甚至死亡）的情形。

2. 两篇论文不同的地方

一方面，两篇论文的目标侧重不同。李老师的论文从判决出发，通过总结医疗行为介入后人身伤害加重类案件的判决理由，来提炼具有可操作性的规则；孙老师的论文则是以一则案例判决，来展示客观归责论在中国司法实践中落地生根的可能性。

另一方面，两篇论文的分析进路不同。目标侧重不同决定了分析进路不同。具体而言，李老师的论文是从司法实务中总结、提炼出某类案件因果关系判断的规则，分析进路大体是"自下而上"的，这类似于日本司法实践通过判例突破通说相当因果关系论，发展出危险现实化理论。孙老师论文的分析进路则恰恰相反，是"自上而下"的，即以客观归责理论，尤其是以罗克辛教授主张的客观归责论中的"制造法所不容许的风险""实现风险""构成要件保护范围"三个子规则为模板，观察评析判决说理对客观归责理论的运用。如果我理解无误，孙老师对该判决的基本评价是"总体值得赞赏，存在问题不少"。

（二）认同与疑问

1. 认同

上面提到的两种视角，基本代表了因果关系论在中国本土化的两种进路。一是刑法在理论上放弃传统上哲学意味浓厚的必然与偶然因果论之后，在理论立场上选取相当因果关系论、危险现实化理论以及客观归责理论；二是通过整理本土类案判决，并从中提炼出判断规则。尽管视角不同，但二者都立场鲜明地强调因果关系判断的规范维度。这也日渐成为我国刑法因果论的前提性共识。

2. 疑问

一方面是对论文的某些具体结论的疑问。孙老师的论文以判例说明实务界采用客观归责论，视角很好。毕竟，理论说理如何精致精细、体系上多么逻辑自洽，终究敌不过实践中的一纸判决。但是，该判例目前只是孤证，客观归责理论是否会在中国落地生根可能还有待未来观察。李老师论文所列举的 4 个案例中，我更感兴趣的是第三个。李老师不完全赞同法院肯定因果关系成立的判决，认为应当区分情况：如果被害人消极"不遵医嘱"，因果关系成立；如果是"不顾伤势强行活动"则属于创设新的致害风险。与李老师的观点不同，我认为这个案例不成立犯罪，只属于民事侵权，其关键点在于侵权人是否以及多大程度上对医疗介入后扩大伤害承担赔偿责任。与此相关的另一问题是：文中"创设新的致害风险"与"异常因素介入"的判断标准，有无实质上的区别？

另一方面是对危险现实化理论和客观归责理论本身的疑问。

其一，对于危险现实化的判断材料和标准，我有一些疑问。就危险现实化理论的定位而言，它突破了相当因果关系论，并部分采取了客观归责论。我的理解是，这是客观归责理论在日本司法实践中的渗透，从而导致相当因果关系与客观归责理论本身界限模糊。在罗克辛教授看来，相当性理论本来就是客观归责理论的前身。按照我不成熟的看法，危险现实化理论属于相当性理论到客观归责论的过渡阶段。那么，接下来的疑问就是，这三个理论中或隐或显的判断材料与标准的问题，李老师和孙老师的论文均不同程度地涉及这一问题。具体来说，是从纯粹客观的视角、从行为人行为时的视角还是一般人和特殊认知结合的视角？标准的选择问题，相当性理论没有解决，客观归责理论也未能解决，最常见的例子就是行为人特殊认知或被害人特殊体质等问题。其实，行为人特殊认知问题中争论的，只是体系位置的安排问题，在结论上，不同学者之间并没有多大出入。有关行为人特殊认知的争论，只涉及古典体系中隐藏着的"不法"与"有责"的区分问题，在之后的目的论犯罪体系中则显化为如何区隔"客观构成要件"与"主观构成要件"。一言以蔽之，问题只是被前置、被转化了。

其二，对客观归责论"可普遍化"预设的疑问。在此，"可普遍化"，是指如果行为在客观构成要件上可以归责，那么行为人至少具有过失。另一种说法则是：故意犯与过失犯在客观构成要件的判断上并无二致。对此，我并不认同。我认为，故意犯和过失犯在客观构成要件该当性判断中自始就不一样。固然，在韦尔策尔教授提出目的行为论之后，客观归责理论的一大贡献是在构成要件合致性判断中实现了判断重心由主观要件到客观要件的转移，可客观要件的判断根本无法取代主观要件的判断。如果承认刑法是构成要件法，因果关系只能是同一具体构成要件下"该当构成要件行为"与"该当构成要件结果"之间的"因果关系"，也只能将"结果"归属于同一构成要件下的"行为"。即便认同客观归责理论的超强解释力，也要恪守它只能被定位于客观构成要件成立必要条件之一的边界上；否则，我们所追求的、精致的、客观可归责性的说明，很可能会沦为可包容任何结论的泛泛之论。无止境地开发精细程度不同的下位判断规则，以及对客观归责论所能涵摄案件的烦琐类型化，暴露的只是这个"大概念"自身的大而无当。

主持人：童伟华

我自己也有一个粗浅的想法。在之前两位报告人的报告中，两位老师都想借客观归责理论来解决我国司法实务当中的因果关系判断问题，并对实务部门在判断时存在的问题进行了梳理、分析。我认为，相当因果关系理论也能够作为很好的理论资源，被用以指引我国司法实践中的因果关系判断问题。而且，客观归责理论传播至日本以后，日本仍然沿用的是相当因果关系论。

下面还有两位实务部门的嘉宾将进行点评，有请曹坚检察长主持。

主持人：曹 坚

作为一线工作者，今天来到论坛，聆听了各位专家学者们的报告、点评，我很受启发！我想谈两点感想。

第一，我参加检察工作将近 20 年，之前察觉到一个现象，那就是学术部门有自己的话语体系，而实务部门也有自己的话语体系，两套话语体系之间很少有交流沟通。也就是说，理论界与实务界的断层隔阂是很明显的。以因果关系的判断问题为例，十多年前，我们也碰到过类似的案件，需要判断介入因素是否中断了因果关系，而实务部门的同志们其实更关心的是证据问题而非学理说理。我希望，以后能够多多地举办全国青年刑法学者实务论坛这种类型的论坛，促进理论与实务的交融。

第二，我发现大家现在都非常关心判例，我觉得这是一个非常好的现象。但是，我认为，仅仅关心判决书还是不够的，因为很多案件的事实要素在判决书中反映不出来。这些事实要素大多在审查报告里，甚至只有在案卷中才能看到。这也使仅仅根据裁判文书所得出的一些结论可能不一定全面、可靠。

下面，请上海市长宁区人民检察院黄冬生副检察长进行评议。

评议人：黄冬生

刚才两位教授的主题报告让我们实务工作者对我们国家刑法理论界关于因果关系的"黑话体系"有了进一步的了解，进一步加深了我对理论研究者的敬畏。也让我意识到，我作为实务工作者，需要恶补的理论知识还有很多。

之前孙运梁教授提到，早在 2006 年，陈兴良教授的一篇论文开启了我们国家研究客观归责理论的序幕。但是，在前两年我们实务部门的竞赛中，当姚建龙老师作为评委，要求我们用客观归责理论来论述某一问题时，我们实务部门的同志们几乎处于发懵的状态。我们不知道客观归责理论的具体内涵，更不清楚背后的法理依据。因此，实务界跟理论界的沟通非常重要！我们希望，各位学者能够把高大上的理论，转化为实务同志能够运用到文书当中的、能够被当事人所理解和接受的语言。接下来，简单地谈一下我的学习心得。

首先，李川教授和孙运梁教授的主题发言，都是通过对真实案例的实证研究分析，总结归纳出人身伤害类案件中存在医疗因素介入的情况下因果关系认定的司法判断规则。他们的主题发言既有理论高度又能够接地气，从中国的司法实践出发，将客观归责这个一线司法人员相对较为陌生的高大上理论，阐释得深入浅出。他们揭示并解决实践中的难题，对实务操作有一定的启发作用。例如，李川教授在主题发言中，归纳出司法实践对介入因素是否阻断因果关系所采用的三重性判断标准，为不自觉的实践理性提供了自觉的理论范式。同时，他还指出这一标准存在的一些问题，从理论角度提出了初步的建议，对司法实践有一定的参考意义。又如，孙运梁教授在主题发言中，提及区分归因与归责的法律逻辑问题，揭示了司法实务中普遍存在的混同事实判断与规范判断的问题，为因果关系的司法判断提供了比较清晰的逻辑层次和顺序，对于提示司法人员养成严谨的司法逻辑也很有意义。

其次，从主题发言中可以看出，对于将客观归责等刑法理论直接运用于司法裁判的说理中，当前司法实务还是持比较谨慎的态度。即使是在裁判文书之外，对有充分展开空间的案例进行分析时，也并没有完全使用这一理论体系。套用李川教授主题报告中的一句话来说，就是"目前因果关系理论上的新发展还不能说对司法实践中介入因素情形下的复杂因果关系认定产生了明显的积极影响"。造成这一问题的原因比较复杂，既有实务界与理论界深度融合不够的原因，也有实践中文书说理不足、顾及受众接受程度等原因，还存在实践话语体系与理论话语体系不同的原因。但是，在实质上是因为实务界基于实践理性形成的司法判断规则与理论研究所形成的客观归责理论，并非完全是"两张皮"，甚至存在殊途同归的可能。

司法实践中其实已经普遍接受以条件说为核心进行事实因果关系的判断，而且，只将其作为归责的必要条件而非充分条件。实践中一般不对其进行专门的分析，主要是因为在通常情况下，案件中的事实因果关系都是成立的，没有必要再作判断。至于规范层面所进行的结果归属，司法实践中倾向于将其称为刑法意义上的因果关系，也就是对是否归责作进一步的规范评价和价值判断。以李川教授在主题发言中所归纳出的实践三重性标准来说，该标准与李川教授所主张的两个方面的判断规则就存在相通之处。一方面，三重性标准中的"介入因素的异常性"判断，对应的就是考察"行为的危险是否在规范意义上朝向结果发展"。只要介入的因素没有明显的异常之处，那就可以认定行为所制造的危险是在规范意义上朝向结果发展，并合乎规律地引起了最终结果的发生。另一方面，三重性标准中考察"在先行为对结果的作用力"和"介入因素对结果的作用力"，其实对应的就是判断"行为的危险实现过程是否被新的其他危险实现所取代"，在先行为和介入因素对结果的作用力大小以及二者的对比，可以用于判断介入因素是否创设了新的向结果转化的危险并排斥取代了原行为的危险实现进程。差异只在于司法实践中所采用的规则，是将刑法理论上提出的理想标准，转化为更符合行使司法判断权所需的操作标准。从这个意义上说，实践标准可能更容易为一线司法人员所理解和接受。

再次，实际上，当判断介入因素是否影响刑法意义上的因果关系成立时，在司法实践中，确实既有将归责混同于归因、归责标准含糊不清的问题，也有过分追求定量分析、将原因力大小等同于刑事责任大小的问题。例如，前面提到的实践中的三重性标准，就非常强调对引起结果的各因素的原因力大小的判断。这容易被简单理解为在先行为的原因力必须超过50%，才能不被介入因素阻断因果关系；或者介入因素的原因力大于在先行为，就可以阻断因果关系。这种判断思路，正如孙运梁教授在报告中提到的，其实来自于对交通肇事罪的司法解释。也就是说，认为对事故责任进行划分，其实也就是对导致事故结果的各因素的原因力大小进行分析，并且将其作为认定刑事责任的依据。但是，这一规则并不能被简单地套用到因果关系阻断的判断中。

我们可以看到《刑事审判参考》刊载的第 1391 号案例，该案的案情大致为：

> 2015 年 11 月 3 日 20 时许，被告人李放驾驶轿车行驶至大连市沙河口区南平街与南沙街交叉路口附近时，与准备过马路的被害人于海文因车辆行驶问题发生争执。随后，李放下车与于海文发生厮打，在厮打中李放持木棍击打于海文头部并致其倒地。于海文于当日被送往医院，后于 2015 年 11 月 7 日经抢救无效身亡。经鉴定，于海文系因头部损伤造成重度颅脑损伤、脑疝死亡。另经北京明正司法鉴定中心鉴定：被害人送医院抢救后，虽然医方在诊疗过程中采取了一定的诊疗措施，但未尽到合理的注意义务，对于患者的病情重视不足，观察不够，未进行 Glasgow 昏迷评分，在患者病情进行性加重的情况下，医疗手术时机和方式有欠缺，故医院在对于海文的诊疗过程中存在一定过错（医方过错占 40%~60%）。

在该案中，裁判要旨明确指出，关于医疗过错的鉴定意见只能作为判断被告人刑事责任大小的依据之一，而不能作为判断被告人有无刑事责任的依据。不能因为鉴定意见中认定医院医疗过错对被害人损害结果的参与度为 40%~60%，就直接减轻被告人 40%~60% 的刑罚，而是应当结合全案情况对被告人的责任进行判断，量刑时的鉴定意见仅能作为酌定情节加以考虑。虽然判决书对上述观点没有展开充分的论证，但是，它明确提出，医疗过错对被害人损害后果的作用力大小，不是判断被告人刑事责任有无的唯一依据。由此，实现了对之前的三重性标准的修正和完善：不能将刑法意义上因果关系的有无等同于原因力大小的比较，在判断介入因素是否完全阻断了在先行为所造成的危险并实现了这种危险时，原因力的大小只是参考依据而已。更关键的判断还在于，在先行为是否合乎规律地引起了最终结果的发生、介入因素是否具有很强的异常性，以及社会公众对归责结果的接受程度。

最后，我们还需要注意，在司法实践中判断刑法意义上的因果关系，既是一种规范判断，也是一种价值判断，不可避免地要引入价值导向的考量。例如，被害人家属基于家庭经济困难的原因，不得不作出放弃治疗的决定。对于这样的介入因素，基于价值取向的考量，就不可能认定其阻断了因果关系，认为是被害人自我答责或者以此减轻行为人的罪责。

司法判断，其实往往是先有结论，再有论证，正所谓"大胆假设，小心求证"。对刑法意义上的因果关系是否被介入因素阻断的判断，也不例外。而在小心求证的过程中，司法实务人员应当充分借助刑法理论的研究成果，提高论证的说服力。二位教授的主题发言对司法者而言颇有助力，在此表示感谢。

主持人：曹　坚

下面请盈科上海刑事部康烨主任发言。

评议人：康　烨

我在会前认真研读了李川教授和孙运梁教授的两篇论文，由于时间关系，我选取孙运梁教授的这篇文章，简单地谈几点心得体会。

首先，孙教授报告的主旨是"当今我国刑法因果关系理论的可行发展路径就是明确划分因果关系与规范归责"，将因果关系理论的发展方向聚焦在确定因果关系之后，进行结果归责的判断。从说理的角度来看，孙教授首先指出，传统理论在因果关系的判断上，存在不明确界分归因与归责，甚至用归因来代替归责的问题。这会导致在具体办案过程中，"只要出现了被害人死亡结果的案件，判决书一般都会指出被告人的行为与被害人死亡结果之间存在条件关系，由此直接推论出死亡结果要归责于被告人"的结论。显而易见，这容易导致因果关系范围的不当扩大。

进一步地，孙教授在报告中直指传统理论问题之所在——"缺少了规范评价的环节"，进而引出了本文的"立场选择"，那就是借鉴客观归责论来推动我国因果关系理论的发展，即区分事实因果关系与结果的规范归责，使因果关系理论回归其事实判断的功能定位，以客观归责理论的规则来判断结果对于行为的可归责性，从而更好地发挥客观构成要件的罪刑法定保障机能。

孙教授的报告不仅着眼于客观归责理论的引介及本土化，而且，还对司法判决书做了精当的分析。在孙教授看来，一篇优秀的有关因果关系判断的说理性文书应该是：体现归因与归责区分的法律逻辑；借鉴客观归责理论的判断规则和思维。同时，孙教授也指出了既往裁判值得商榷之所在。

其次，我觉得孙教授的报告非常有问题意识，他揭示了传统因果关系理论的弊端，即没有明确界分归因和归责，甚至以归因替代归责，进而提出以客观归责理论来弥补这一弊端。我认为，客观归责理论是一个非常精妙的工具，根据我作为一个实务工作者的理解，它强调两步：第一步，通过条件说进行行为和结果之间的事实因果关系的判断；第二步，从规范层面限制归责的范围。同时，正如孙教授在报告所强调的一样，这两步的顺序不能颠倒。就像在武侠小说当中，如果行为人获得武林秘籍后，不按照秘籍中的顺序研习，则会经脉逆转、走火入魔。

再次，众所周知，客观归责理论源自德国，于 21 世纪初为中国刑法理论界所关注。而就我所知，除孙教授推崇客观归责理论之外，北京大学的陈兴良教授、清华大学的周光权教授等学者也都力推客观归责理论。目前，客观归责理论虽然在刑法理论界日益得到关注，但在实务中却一直遭受"冷遇"。而海淀区人民法院的一份运用客观归责理论进行说理的判决书令学界为其称道，孙教授在报告中更是以其为例证，说明这一理论将在实务中"生根发芽"，并针对该判决的利弊得失，梳理了客观归责的适用标准，令规则本土化且更为具象，令实务界能适得其法。站在实务工作者的角度，我们也期待和希望越来越多的司法工作人员在判决书中对因果关系问题予以一定的回应，对客观归责理论进行体系化、结构化的拆解，使这套规则的语言体系能够更好地契合司法实务，能够更好地为当事人或者社会所接受。

另外，我想谈谈对于客观归责理论本土化的三点感想。第一点，因为客观归责理论本身是一个舶来品，因此，要实现本土化，需要我们律师、学者以及政法部门的工作人员的共同努力。第二点，需要澄清是否只有疑难复杂的案例才需要用客观归责论来解决。我个人认为，如果认为客观归责理论是一种方法论的话，那么，它必然有一定的普遍适用的价值和意义。第三点，在实务中，我也时常因因果关系的判断而感到困惑。例如，在操纵证券市场犯罪案件中，在思考辩护思路时，需要分析行为人的行为与个别股票波动之间是否存在因果关系，是否存在政策调整、他人操纵、上市公司重大利好发布等介入因素。又如，在斡旋受贿案件中，又需要考察"行贿人"按照规则确定能够取得的利益能否归责于受贿人的行为，即能否认定为他人谋取了不正当利益。对于上述问题，我常常不得其解。令人欣喜的是，孙教授在他的报告中所引介的客观归责的方法论让我茅塞顿开，为正确解决此类案件中的因果关系难题提供了思路和方向。

　　最后，对于孙教授的报告，我总体的感受是，相较于传统的因果关系理论，客观归责理论在结果归责的判断上，实现了基准的体系化，从而更具可操作性。客观归责理论认为，从事实层面确定某一行为是某一结果发生的条件之后，还要从规范的视角来检验，能否将该结果归责于该行为，也即考察结果发生的这笔"账"能否算到被告人头上。根据该理论，要进行客观归责，需要满足以下三个条件：一是制造了法所不允许的风险；二是实现了法所不允许的风险；三是结果没有超出构成要件的保护范围。

　　以上是我学习孙教授报告的粗浅体会，不当之处，还请各位老师、同人批评指正！

主持人：曹　坚

　　谢谢康烨主任的精彩点评！我认为，不久之后，我们国家的刑法理论将会达到更加发达和先进的水平！因为我们的司法实践走在全世界的前沿，很多案例应该都算得上是全球首例。而正是这些丰富的实践案例，能够为刑法理论研究提供源源不竭的前进动力。我希望，在座的各位青年学者能够利用好这样一种宝贵的实践资源，来推动我们刑法学科的发展。

我宣布，第二场报告的评议环节到此结束。

三、自由讨论

主持人：彭文华

这个环节有四个主持人，且所有到场嘉宾均可作为提问人参与讨论，可我们的时间非常有限。我们这个环节一个一个点名发言不太现实。我认为，应该给每个提问人限定 3 分钟，然后大家举手发言。欢迎大家踊跃举手！

嘉　宾：黄继坤

我是湖北民族大学的黄继坤，现在也是兼职律师，致力于实现理论与实践的一体化。对于今天下午的报告，我想借自由讨论的机会，谈几点自己的感想。

第一，因果关系是刑法学中的一个重要理论问题，与此同时，也是我国刑法学中最为混乱的问题之一。我国传统的因果关系理论经历了苏俄化、哲学化以及去哲学化的不同阶段，反映了逐渐摆脱苏俄刑法学影响，融入德日刑法学的趋势。而自以德日为师以来，在理论上，虽然我们更多探讨的是客观归属论与相当因果关系说之间的取舍问题，可在实务中，传统因果关系理论的影响根深蒂固，一直难以祛除。对此，我想，在实务中，以条件说判断因果关系，以客观归责论判断行为会不会更容易被接受？

第二，之前李强教授说，目前刑法教义学的"黑话"太多了，应当避免过分使用"行业黑话"。我非常赞同这一观点。在实践中，很多司法部门的工作人员很难领会这种专业性的用语，这大大增加了沟通交流的成本。因此，我们虽然需要构建刑法学的专业槽，以促进刑法学的更高、更新发展以及整体刑法学的发展，但同时也需要警惕它成为隔绝理论与实务交流的"鸿沟"。

第三，我不太赞同黄冬生检察长在评议时提到的观点。我认为，实务界基于实践理性形成的司法判断规则，与理论上构建的因果关系的判断规则相比，在论理依据、审查逻辑、结论的合理性等方面还存在较大的差距。实际上，理论是为实践服务的，在很多时候，理论都超前于司法实践。这意味着实践部门对于理论研究的一些重要成果，应该采取一种敞开心怀、积极接纳的态度。只有这样，理论与实践的交流才能通畅，才能获得许多正面效应。

第四，我认为，就条件说而言，该理论的认定标准本身并没有什么缺陷，只有在错误地提取了判断素材或判断资料的情况下，条件说才会扩大因果关系的成立范围。其实，在判断行为与结果之间的因果关系时，实践中的很多案例都没有以条件说为基础，最后演变成只要行为与这个结果的发生有关系，那就肯定行为与结果之间的因果关系。这会导致因果关系的成立范围过于宽泛，是一种需要警惕的现象。

嘉　宾：王若思

我叫王若思，是吉林大学法学院的一名青年教师。

我想就我的同门师兄丁胜明老师的报告提两个问题：一是因果关系理论的起点问题；二是因果关系理论的适用问题。

其一，虽然我们说因果关系是从因到果的前后流程，但是在具体判断时，我们常常是由果溯因，因此，判断因果关系的起点也即确定什么是因果关系的"果"非常重要。

胜明师兄在报告中辨析了"因"与"果"，强调了结果在犯罪构成中的地位。他指出，相对于结果而言，行为作用力的大小和对象的个体性质属于"因"的范畴。"因"和"果"在认定上是前后相继的两个不同要素。就结果的认定而言，刑法先要考察事实层面发生了何种结果，然后考察该结果是否能够归责于行为。不能将结果的认定与因果关系的考察相混淆，更不能在考察因果关系之后倒回去更改事实层面结果的定性。

但是，我的疑问是报告中提及的符合构成要件的结果，是在伤病影响下的静态结果还是动态结果。从报告中列举的标准来看，《标准》第4.3.1条规定，"损伤为主要作用的，既往伤/病为次要或者轻微作用的，应依据本标准相应条款进行鉴定"。我认为，这一标准强调的其实是一个动态的状态，也即，如果行为人以致死的故意，实现了轻伤程度的后果，但是最终达到了致死的结果。在司法实践当中，可能需要以动态发展至最终的后果作为因果关系的"果"。不知道我的想法是否正确。

其二，胜明师兄在报告中提到，在判断因果关系时，如果完全依赖行政判断的结论，会存在行政判断架空司法判断的问题。我认为，在交通肇事罪的认定中，似乎也存在这个问题。甚至，交通肇事比伤病关系还要复杂，这里面还需要区分全部责任、主要责任和次要责任。学界需要解决法院在应对这些问题的时候，应当在多大程度上依赖或者说摆脱行政判断的结论，依赖或者摆脱的标准是什么。例如，在交通肇事的情况下，法官结合各种因素认为行为人不应承担事故的主要责任，而是仅承担次要责任，法官能否作出与交管部门不同的责任认定结论，如何看待二者之间的矛盾。期待能够读到胜明师兄的完整文章，学习师兄对上述问题的看法。

主持人：彭文华

我计算了一下时间，考虑到时间比较紧张，下面我们有请周详教授进行主持。

主持人：周　详

我还是把发言的机会、时间更多地留给在座的各位嘉宾吧！各位年轻学者以及实务界的同人，如果需要发言，应当将自己的发言时间控制在 3 分钟以内，为其他的嘉宾留一些发言的机会。如果超过 3 分钟，我可能会打断发言人的发言。我们有请下一位嘉宾。

嘉　宾：安　然

我叫安然，是曲阜师范大学法学院的一名青年教师。我想向孙运梁老师提两个问题：

第一，我个人的主要研究领域是环境刑法，特别关注环境刑法中的因果关系的认定问题。虽然学界对环境犯罪的因果关系的关注度较高，但是，我通过对裁判文书网上1万多份判决进行检索时发现，在1万多份判决书中涉及因果关系争议的判决只有150个左右。我想请问一下孙老师，为什么理论界对环境犯罪的因果关系问题较为关注，但是实践中，环境犯罪的因果关系似乎不是什么重大问题，究竟是什么导致了理论与实践的错位呢？

第二，在当前环境犯罪的司法实践中，法官在审理案件时，非常倚重鉴定意见。如果我们认为，过分依赖行政判断就是架空司法判断，应当强调法官对归因的事实问题进行独立判断。可实际上，大部分法官包括我们的刑法学者，对于自然科学的相关理论的接受程度都非常有限，根本难以对这些事实问题进行独立判断。那么，连事实的归因问题都难以解决，在这种情况下，我们怎么再进行下一步的归责呢？

主持人：周　详

我们请孙运梁教授回答一下。

报告人：孙运梁

实际上，客观归责理论主要适用于自然犯、过失犯。罗克辛教授创造这么一套精致的客观归责体系，也主要也是为了进行过失犯的结果归责。我在研究、撰写著作的时候，专门梳理了一章，想要分析故意犯的客观归责问题，但之后也发现，这一章的问题与其他章节相比，显然更少一些。在实务中，我们也都知道，过失犯罪的案件明显是要少于故意犯罪的。污染环境犯罪中，大部分不存在因果关系争议的案件应该是故意犯罪，存在因果关系争议的则主要是过失犯罪。这就能够解释，为什么在实务中，就环境犯罪的案件而言，涉及因果关系争议的案件较少。另外，我建议你阅读学习一下华中科技大学李冠煜老师的《污染环境罪客观归责的中国实践》等文章，这些文章应该能够解决你的其他困惑。

主持人：赵运锋

接下来发言的嘉宾，可以谈一些自己对于本单元主题的看法，也可以对前面的报告、评议提出疑问。

嘉　宾：陆金宝

我叫陆金宝，是盈科所刚入职的一名实习律师。我发现，客观归责理论的体系过于庞杂，它不光涵盖了因果关系，还涉及实行行为以及构成要件结果的认定，它似乎不是解决某一个问题的具体理论，而是将各种不同理论混杂其中的理论集合体。在它的子规则中，有的属于构成要件的范畴，如风险实现中的实行行为概念；有的属于违法性领域，如法所不容许的风险、被害人同意或承诺；有的属于有责性领域，如第三人责任；有的则跨越了构成要件符合性、违法性与有责性三个阶层，如信赖原则。因此，也有学者认为，客观归责早已超越了对归责问题的探讨，而逐渐成为与可罚性概念相当的犯罪成立理论，它以模糊三阶层犯罪论体系为代价进行归责判断，从而极大地削弱了阶层犯罪论体系所具有的人权保障机能。我想请教一下孙运梁老师，与相当因果关系相比，客观归责理论真的在保障人权、限制主观归责、界定客观行为等方面拥有优势么？

报告人：孙运梁

客观归责理论的第一个规则，制造法所不容许的风险，是对实行行为的实质判断；第二个规则，实现法所不容许的风险，是对结果的实质判断；第三个规则，构成要件的效力范围，是对因果关系的实质判断。借助上述三个规则以及诸多子规则，客观归责论构建起了正面判断和反向检验交互进行的检验标准，能够确保在检验因果关系时没有遗漏。既展示了一般预防的刑罚效果，也凸显了刑法评价的层次性、充分性，确保了刑法判断的客观化。我认为，与日本学者提出的相当因果关系说相比，源自德国的客观归责论更契合我国刑法理论的研究现状，其有助于厘清因果关系理论的功能定位，克服我国目前的因果关系理论研究存在的哲学色彩浓厚、逻辑层次不清、判断标准不一等弊端，从而更好地完成结果归责的任务，更好地保障人权、区分主观归责以及界定客观行为。

主持人：陈罗兰

由于时间快要到了，最后我们再邀请一位嘉宾发言，有哪位嘉宾愿意发言？

报告人：李　川

我是第二场报告的报告人李川。由于作报告的时间有限，对于医疗介入时人身伤害因果判断的问题，我仅提出了判断标准，而没有展开标准的具体运用。恰好，刚才几位老师在评议时，针对我在报告中提出的判断标准也进行了一番点评，提出了一些问题。因此，我想借自由讨论的机会，略作一些回应。

李波老师在评议时列举了两个案例，并以此为例证，对我提出的三个规则进行了剖析。首先，我想说一下第二个案例。第二个案例是为了启发对我提出的第二个规则"在行为本身有导致伤害后果的危险，经有效医疗危险得以控制，此时介入医疗过失或被害人行为或被害人家属行为导致病情恶化，不影响结果向被告人的归责"，以及第三个规则"如果医疗过失、被害人行为或被害人家属行为创设了新的危险，其危险实现完全替代排斥了前行为的危险实现，则实害后果与原行为不能成立因果关系"的思考。案情大致是：甲对被害人丙实施残忍的打击，致其身受致命伤，送医之后恰巧遇到身为医生的仇人乙，乙故意延迟对丙的救治，并对其注射超量的某药剂，导致丙当场死亡。按照李波老师的观点，在这个案件中有两个风险，两个风险均足以致死，在这种状况下，很难判断一个危险已经完全替代并排斥其他行为的危险。

我认为，李波老师所举的这个案例，恰恰是现在非常典型的诸种因素合并实现结果的案例类型。当然，这不是构成要件意义上的多因一果，而是事实上的多因一果。在这两种风险中，要确定，到底是哪一种风险替代了另一种风险，我觉得，还需要李波老师提供更多的有关这一案件的信息。比如说，根据案件信息，我们还须判断，在这样一个事实的因果流程当中，丙的死因是什么。如果能够认定丙的死亡原因是伤害行为，那么当然可以认为，前面由伤害行为引起的风险就已实现了；可如果死亡的原因是医生所喂的药物，那么就应当认为后来的原因完全替代并排斥了伤害行为的危险。而如果既有前面伤害的因素，又有后来的药物的因素，合并导致了死亡结果，我认为，在这种情况下，药物不能中断前面的伤害行为与死亡结果之间的因果关系。因为医生创设的新的导致死亡的风险并没有完全替代和排斥之前的风险，前面的因素还在发生作用，前面的危险其实也现实化为结果。

其次，为了剖析我所提出的第一个规则，即"如果伤害行为仅具有导致较轻结果的危险，被害人接受医疗之后出现了较重的结果，不能将较重结果归责于行为人"，李波老师假设了一个案例：被害人恰巧是一个体质比较弱、对毒药的承受量不及一般人的人，行为人只放了对一般人来说50%致死量的毒药，被害人就死了。我认为，在实践中，很难判断多少剂量才是50%的致死量。也就是说，我所强调的一般人判断只是一个大体的判断。如果将李波老师所举的这个案例稍微抽象化、普遍化，从中还可以提炼出当被害人具有特殊体质、合并伤害原因、最终死亡的这种情形应当如何判断因果关系的问题。对此，我的结论是，如果从一般人的标准来看，在不知道被害人有特殊体质的情况下，如果行为仅具有造成轻伤害的危险，但经过医治以后，反而出现了超越轻伤的死亡结果，那么，就应当认为，这个结果已经超越了原来危险的范围，不能归属于行为人。

最后，我认为，刚才张志钢老师在评议时提到的行为人特殊认知的问题非常有意义。如果行为人知道被害人有特殊体质，并试图利用这种特殊体质造成被害人死亡，在这种情况下，应当怎么进行结果归属？对此，客观归责要求将特别认知作为补充，但这也引起了对于客观归责理论最为强烈的质疑：客观归责到底是主观归责，还是客观归责的主观化。由此，产生了很多理论上的争议。例如，考夫曼教授认为，在故意犯的领域，究竟何时行为中具备不受允许的危险？如果没有考察行为人的主观设想和认识的话，是根本没法回答的。在过失犯的领域所要求的法律上不认可的危险，以及这种危险的实现，完全可以通过违反谨慎和违法性关联这些既有的要素加以解决。又如，希尔施教授指出，如果行为人比观察他举止的人认识到了更多，那么我们就必须考虑他的认识。这就表明，危险性之确定同样依赖于行为人的知识水平，进而难以和主观方面相脱离。客观归属学说没有清晰地刻画出其所讨论的现象，进而抹去了不同事实的区分，什么是客观的，什么是主观的，不应受学理随意摆布。再如，我国的刘艳红教授也强调，根据行为人的主观意思以及借助行为人的个体情况作为判断标准，实际充斥于整个归责的演绎之中。客观归责论并不只是客观的归责，它其实一直都在进行着主观的归责。在判断风险不法时，其承认必须考虑行为人自身的特殊情况以及行为人的特殊认知，实际上也就变成了以"人格与个别可归责性"为内容的主观归责。

可以说，特殊认知问题，就是客观归责理论的"黑洞"。对于这一问题，我的认识是这样的：行为人的特殊认知，它一方面会影响主观要件要素的认定，因此，与主观归属有着千丝万缕的联系。但另一方面，它其实还影响了对这个风险所创设的事实范围的判定，而这个判定纯粹是客观的。当然，我的见解不一定对，还请各位批评指正。

主持人：陈罗兰

我是第一单元自由讨论阶段的最后一位主持人，我想针对今天下午的会议做一个简单的总结。

首先，我认为，我们这一单元的选题非常好。因果关系，尤其是人身犯罪中的因果关系，一直以来都是刑法学的一个热门话题。其中涉及非常多的理论与实践难题，对其进行研究，非常具有实践意义与理论价值。但是，我也发现，现在很多的青年学者过分关注学界的热点话题，为了投稿发表，一味地追热点，以至于越来越少的学者愿意回到一些刑法学的经典主题，能够耐得住寂寞进行深入的研究。如果我们回顾一下近十年的期刊论文，就会发现那些引用率很高的论文，其主题往往都不是一时的热点话题，而是那些最为经典的主题。在我看来，热点话题就像是烟花，展现的是当下的、眼前的美丽，而经典的话题就像是夜空中的星星，它会一直闪耀下去，照亮前行的道路。因此，我希望，也号召我们的青年学者能够沉下心来研究经典的话题。

其次，通过今天的报告，我们不难发现，当前很多青年学者的研究已经非常精细化了，比方说研究医疗行为介入时因果关系的判断标准以及分析司法鉴定当中的结果归属问题。我认为，这一点非常好，这是我们刑法学研究在不断向前发展的体现。另外，从今天的报告也可以看出，青年学者也越来越重视理论和实务的结合，在保证文章报告的高质量的同时，尽可能地避免了使用行业"黑话"，所运用的基本是能够为实务界所理解的表达。

最后，我自己也是一个青年学者，我深知青年学者的难处，比如说，我们的发声可能无法得到那么多人的关注、我们写的文章很难发表，获得的影响力有限。但是，今天车浩教授说，我们青年学者也是未来学界的中流砥柱，我们希望能够被学界所看到。这不仅说出了我们的心声，也是对我们的莫大鼓舞！

第二单元

职务犯罪的因果关系

第一场报告

主持人：何荣功（武汉大学法学院教授、《法学评论》编辑）

　　　　杜　宇（复旦大学法学院教授）

　　　　吴允锋（华东政法大学刑事法学院教授）

　　　　柏浪涛（华东师范大学法学院教授）

报告人：王　钢（清华大学法学院副教授）

　　　　周啸天（山东大学法学院教授）

评议人：蔡　仙（苏州大学王健法学院讲师）

　　　　曹　化（上海市闵行区人民检察院副检察长）

　　　　黄伯青［上海市第二中级人民法院研究室（审管办）副主任］

　　　　艾　静（盈科北京刑事实务研究中心主任）

一、报告

主持人：杜　宇

各位老师好，非常荣幸担任本场报告的主持。我就"不作为"了。首先有请清华大学法学院王钢副教授，他今天报告的题目是《滥用职权罪中的因果关系——简评刑事归责的时间之维》。

报告人：王　钢

滥用职权罪中的因果关系

—— 简评刑事归责的时间之维

我的主题是滥用职权罪中的因果关系，主要是结合危害结果延迟发生的相关滥用职权的案件，来讨论对刑事归责认定的影响。

我的报告主要分为三个部分：第一部分梳理一下滥用职权因果关系的难点；第二部分就危害结果延迟发生的滥用职权的犯罪，探讨在我们现有的体系之下能不能找到合适的解决方案；第三部分我想探讨一下时间这一因素对客观归责的影响。

首先我们来看第一部分，滥用职权因果关系的难点问题。我们这次会议把"职务犯罪的因果关系"和"人身犯罪的因果关系"进行一个区分性的讨论，我认为是非常正确的。虽然都涉及因果关系的认定问题，但是职务犯罪中的因果关系认定跟普通犯罪的因果关系认定还是存在很大区别的。观望我国整体的刑法研究背景，虽然因果关系是刑法理论和司法实务普遍高度关注的核心议题，我国学界对此也多有相关的研究，但是，对于滥用职权等渎职犯罪中的因果关系问题，我国学界的关注却相对较少。实际上，相比普通犯罪情形而言，渎职犯罪中的因果关系认定产生的问题往往有其特殊性。

就我们今天报告的主题来说，在滥用职权等渎职犯罪中，因果关系认定主要有两个特点：第一个特点是危害结果的间接性，在滥用职权等渎职犯罪中，国家机关工作人员的行为与危害结果之间往往仅存在间接且偶然的因果关联；第二个特点是危害结果的间隙性，就第一个特点而言，在滥用职权等渎职犯罪中，国家机关工作人员的行为与危害结果之间往往仅存在间接的、偶然的因果关联，经常是因为其他因素的介入才（共同）造成了公共财产、国家和人民利益的重大损失。此外，渎职犯罪中呈现危害结果的间隙性这一特点也是有章可循的。在滥用职权等渎职犯罪的场合，往往存在损害结果延迟发生的情况，即经常是在行为人的行为实行终了很长时间之后，才出现了构成相应犯罪所必需的危害结果。

危害结果的间接性这一特点，我国学者已经有很多相关的研究，接下来我们这个单元的第二位主报告人周啸天教授，也会在这一点上进行细致的梳理和阐释，我把我的重点放在第二个特点——危害结果的间隙性上。我们首先来看以下两个案例：

案例 1

2009 年，鸡东县运输公司驾驶员李某因年龄不符合驾驶大型客车要求，意图变更出生日期、改小年龄以办理驾驶证增型。2009 年 8 月 17 日，时任鸡东县公安局户政科科长的何某某在没有派出所所长签批意见和经办民警签章的情况下，违规审核通过李某将出生日期延后 6 年的申请，并于当日出具盖有鸡东县公安局户口专用公章的户籍证明。李某持此户籍证明成功办理机动车驾驶员增型，取得驾驶大型客车资格。2018 年 11 月 9 日，李某在鸡东县境内驾驶大型普通客车时，因超速驾驶且雪天路滑操作不当，导致车辆失控撞树后倾覆，造成 2 名乘客死亡。鸡东县公安交通警察大队认定李某负事故全部责任。一审法院认为，被告人何某某在身为国家工作人员负责户口项目审批工作期间，不履行工作职责，造成国家和人民的利益重大损失，其行为构成滥用职权罪。

案例 2

1999 年 9 月，时任银川市泾源县某经济开发区土地管理局副局长、主持全局工作的于某某在无政府批文和相关手续的情况下，将丁某某持有的土地使用证用途由住宅用地更改为商服业用地，面积由 676.66 平方米更改为 2159.3 平方米。后丁某某以该证换取新的土地使用权证。2013 年 4 月 17 日，银川市西夏区人民政府向丁某某下达国有土地上房屋征收补偿决定书，对其房屋及土地进行征收，丁某某以前述土地使用权证上记载的土地用途和面积要求征收补偿，并多次上访、在网上发帖称补偿不到位，造成恶劣社会影响。法院认为，滥用职权罪是指国家机关工作人员超越职权，违法决定、处理其无权决定、处理的事项，或者违反规定处理公务，致使公共财产、国家和人民利益遭受重大损失的行为。于某某身为国家机关工作人员，1999 年 9 月办理丁某某更改土地证面积和用途时，未按照程序办理审批手续，被告人于某某存在违规行为，造成了国家土地管理的混乱，从而导致丁某某因强制拆迁引发的恶劣社会影响，故公诉机关指控被告人于某某犯滥用职权罪的犯罪事实和罪名成立，予以支持。

在这两起案件中，法院均认定行为人何某某和于某某构成滥用职权罪。这种处理结果是否妥当，不无疑问。何某某与于某某的行为固然违背国家机关工作人员的职责，但在两起案件中，分别因李某和丁某某的举动方才直接造成了损害后果。不仅如此，在案例 1 中，损害结果发生时已经与何某某实施滥用职权的行为相隔 9 年有余，在案例 2 中则更是在于某某滥用职权近 14 年之后才造成了恶劣的社会影响。在这种情况下，是否还应当追究行为人的刑事责任？在这两个案件中，我国的司法机关都认为行为人构成了职务犯罪，但是最终处理很轻微。这样一个结果体现了人们内心的直觉。我们会觉得，这种危害结果延迟发生的渎职犯罪，跟那些危害结果没有延迟发生的渎职犯罪，在不法程度上应该是有所区别的。所以，我们才会在直觉上认为这个时候应当对行为人作出相对较轻的处罚，甚至考虑是否对他免除处罚。这就是我们接下来要讨论的问题。

首先，在既有的理论体系中，能不能找到为行为人出罪的理由。在这里，优先考虑的是追诉时效。在类似案件中，辩护律师往往会从追诉时效和因果关系两个方面论证被告人不应承担刑事责任。追诉时效制度在刑法中拥有悠久的历史，我国现行《刑法》第 87 条至第 89 条也规定了刑事犯罪的追诉期限。然而，我国当前的学说理论和司法判例对于刑法中所规定的每个关乎追诉期限计算的条件都存在显著的分歧。根据对案件的分析，基于追诉时效的辩护意见难以成立。我国《刑法》第 89 条第 1 款前段规定："追诉期限从犯罪之日起计算。"因此，在滥用职权罪等渎职犯罪的场合，也只能以构成要件结果发生、罪行的不法内涵得以最终确认之日作为时效计算的起点。我国关于玩忽职守罪的司法实务也佐证了这种立场。2003 年最高人民法院《全国法院审理经济犯罪案件工作座谈会纪要》就明确规定："玩忽职守行为造成的重大损失当时没有发生，而是玩忽职守行为之后一定时间发生的，应从危害结果发生之日起计算玩忽职守罪的追诉期限。"虽然在一些渎职犯罪的情形下，危害结果是推迟了很长时间才出现，但是从追诉时效来说，还是以发生危害结果这一天为准，所以，不能找到为行为人出罪的依据。

从因果关系方面考虑，能有相应的解决方案吗？实际上也很难。危害结果的发生跟行为人的渎职行为之间还是有关系的。例如，案例 1 中，如果行为人不违法更改李某的出生日期的话，李某就不能取得驾驶大型车辆的资格，也就不会造成事故和人员伤亡。案例 2 也是一样，如果行为人不违法地更改土地证使用用途、增加使用面积的话，丁某某就无法在 14 年之后依据这个土地使用权证上访，进而造成恶劣的社会影响。所以，从因果关系来说，很难找到为行为人出罪的理由。

在客观归责上会不会有所不同？第三者的介入因素往往是阻却归责的因素，前行为人实施的行为，后行为人独立地介入其中，从而又独立地造成危害结果的时候，此时危害结果不能归责于前行为人。但是，这种中断归责关系的事由，在滥用职权等渎职犯罪的场合往往很难适用。因为滥用职权等渎职犯罪本身就要求国家机关工作人员恪尽职守，去控制可能发生的危险，必须要排除他人利用一个渎职行为所造成的风险，防止他人实施行为而侵犯法益的可能性。如果行为人没有尽到自己的职责，从而危害法益，后续的行为人利用这种缺陷，造成了法益损害结果的话，这个损害结果还是要归责于国家机关工作人员。

就像我们国家早些年提出的滥用职权罪结果归责的认定，从客观归责、第三人介入的角度，也无法找到为行为人出罪的事由。

我认为，在滥用职权等渎职行为于较长时间之后，才导致危害结果发生的场合，应当在因果关系层面探寻行为人的出罪理由。众所周知，对于刑法意义上的因果关系的判断，应当从归因和归责两个层面进行。从事实归因的角度，行为人的举止只须与危害结果的发生之间存在条件关联即可。在前述两个案例中，应当肯定被告人滥用职权的行为与最终危害结果的发生之间都存在着条件关联。但是，在两起案件中，事后延迟发生的危害结果是否仍然可以在规范意义上被归责于行为人的渎职行为，却需要进一步考察。

应当确定的是，在危害结果延迟发生的渎职犯罪案件中，原则上不能以存在其他介入因素为由，去否定国家机关工作人员应当对危害结果负责。滥用职权等渎职犯罪的规范目的并不（仅）在于维护国家公职行为得以正当履行的状态或者事实，而是旨在通过要求国家机关工作人员恪尽职守，有效监管可能出现的危险源，阻隔对国家、社会或人民利益的危险，从而最终达到保护社会共同生活的必要条件、维护社会有序运行的效果。与此相适应，在滥用职权等渎职犯罪中认定因果关系（和归责关系）时，也并不要求国家机关工作人员直接以自己的行为支配着法益损害结果的发生，而只要求其违背职责、客观上确实为法益损害结果的发生创造了条件即可。这就恰如劳东燕教授指出的：

"滥用职权罪中结果归责的认定，并不以行为人对重大损失的出现具有因果性的支配为必要……只要求行为对重大损失的出现贡献了现实的作用力足矣。"

但是，尽管如此，在危害结果延迟发生的场合，仍然应当否认滥用职权的国家机关工作人员须对损害结果负责这一结论。此时，阻却归责关系的关键因素是时间。基于时间的特性和刑事不法的本质，经过较长时间之后才发生的危害结果，就不能再被归责于行为人。要阐释这一结论，就必须先明确时间的本质：

时间的流逝是否可能影响对刑事不法的判断，取决于应当如何认识时间。然而，时间问题与人类的历史一样悠久，而对其所作的回答却和永恒一样遥远。关系论的时间观，也就是测度时间观认为，时间由一个又一个的间隔、片段和瞬间组成，其中的每个瞬间都相互独立，可以单独被测量和计算。"现在"也只是时间流逝中的一个瞬间，与其他的时间片段并无本质的差别。这种时间观与自然科学关系密切。在其影响下，人们习惯于将过往的时间和其中发生的事件视为无可更改的永恒定在。然而，这种时间观将每个时间片段及在其中发生的事件相互割裂，就难免陷入静态的、僵化的时间困局。

对关系论时间观的反思促生了观念论时间观，也就是心理时间观的萌芽。"时间是什么？没有人问我，我倒清楚，有人问我，我想说明，便茫然不解了。"奥古斯丁的感慨无疑为时间问题的复杂性提供了一个有力的注脚。古往今来，无数中外先贤都对时间的本质问题进行过深入探索。亚里士多德将时间理解为对事物运动和变化的计量单位，是描述物体运动和变化的手段。这种测度时间观，也就是关系论的时间观并未从根本上解释时间的流动性及过去和未来的事件的真实性等问题，因此，哲学领域很早就产生了心理时间观，也就是观念论的萌芽。奥古斯丁率先提出，时间的根本属性是过去、现在和将来都统一于现在。近 1500 年后，法国哲学家柏格森指出，真正的时间是"互相渗透的瞬刻"所构成的绵延，胡塞尔主张的内时间意识现象学也认为，任何过去都只是现在的过去，对过往的回忆正是一种类型的当下化行为，被回忆的对象是当下的自我所设定的存在。

观念论的时间观不仅揭示了时间的本质，也展示了人对事物最深层的基本感知机制。因为"从主体意识中表象的直接呈现来看，主体依然仅仅是受作为内部感觉形式的时间规则支配的"。时间是人感性的、先天的直观，是人进行认知的必要基础条件。人对时间的感知本质上就是对事物的感知本身，时间感知伴生对世界万象的感知之中。既然人对时间的感知表现为不断立足于新的当下，通过将过往和将来与现时相联系才建立起时间的绵延感，人对其他过往事物的认知就始终无法摆脱现时的影响。恰如人们在聆听乐曲时，不可能将曲中音符割裂开来单独欣赏，而总是要将之前听到的音符与当下的音符相联系才能领略其中的旋律一样，对过去的任何一个"那时"的把握和理解也始终无法脱离"现时"所设置的规定性。在此意义上，过去和未来都同时流向现在，过去及过往的事件都与现在相关，也仅因其与现在的关联性才值得关注。这种时间哲学及在其基础上形成的认知论为刑事归责理论提供了新的视角。现代时间哲学将时间与人的心理、精神或意志相联系，强调过去、现在和未来均是时间意识的自我解释，现在时才是时间的真正时态，正是当下的意识将过去和未来引入到现时中。因此，过去的时刻以及在其时所发生的事件，都并非与当下无关的存在，对过去的任何一个"那时"的把握和理解也始终无法脱离"现时"所设置的规定性。这就恰如意大利历史学者克罗齐所言："当代性……是一切历史的内在特征。"在现代时间哲学中，过往的不法与责任也不可能是一成不变的客观存在。随着时间的流逝，已经实施的不法日渐淡出当代主体的意识，与现时的相关性逐渐弱化，从而导致其在当下的意义发生转变。当其在一段时间之后彻底丧失了与现时的相关性时，便不再具有法律意义。

既然在时间的长河中，人们必然只能基于现实去理解和把握过往，那么，在危害结果延后发生时，早已实行终了的实行行为就并不当然地依旧具有其不法内涵，而只能在当下的意义脉络中判断，其是否在案发时还能构成刑法中被归责的行为无价值，还能成为奠定刑事不法的基础。

这里的判断标准只能是刑法的根本任务和目的。基于社会环境中无限的复杂性，法律永远只能通过条件程序筛选部分过往的事实作为判断合法或不法的基础。究竟哪些过往的事件应当被选择出来，则取决于法律系统的目的设定。刑法的目的和任务在于保护法益，但刑法只能通过事先设置旨在避免法益损害结果的行为规范并要求国民依规范行事，才能最大限度地遏制法益侵害行为，达到保护法益的效果。因此，在构建刑事不法时，也必须始终基于通过维护行为规范有效性而保护法益的需求确定刑事不法的范围。唯有在行为人实施相关行为之后，确须对其予以谴责和惩罚以确证规范效力、达到保护法益之目的时，才能基于这种目的理性的考量认定相应行为具有需罚性，构成刑事不法。

在危害结果延迟发生的渎职犯罪案件中，身为国家机关工作人员的行为虽然违反了法规范，但在结果发生时，其对法规范有效性和法安定性的损害却可能已经在时间的流逝之中显著削弱，即便再对其科处刑罚也再无确证规范有效性之裨益，以至于其行为因丧失了与现时社会的关联性而不再具有需罚性，从而不能再被评价为刑事不法。前述观念论的时间观表明，人们总是只能基于当下去回顾和评价过往的事件，事实上，当今认知心理学也确证，在一个知觉领域内，时间上的两个成分越是接近，才越有可能被感知成一个整体。在行为实行终了之后较长时间才出现危害结果时，即便再对行为人科处刑罚，过于迟延的刑罚也难以被国民视为对违反规范的不法行为的回应，无法再起到确证行为规范有效性的效果。对于行为人自身而言，就更是如此。在行为实行终了较长时间之后，相应行为在行为人生活世界中的重要性必然日渐消退，甚至被行为人彻底遗忘。待危害结果发生时，行为人自己也会认为相应行为已属陈年旧事，此时，即便再对行为人科处刑罚，也无法促使其尊重法规范，无法达到积极特殊预防的目的。虽然在危害结果延迟发生的场合，危害结果本身仍然是相对新近发生的事件，但这并不改变此处的结论。因为刑事不法固然由行为无价值与结果无价值共同构成，但真正直接违反行为规范、体现刑事不法本质的，其实是行为无价值。新近发生的危害结果不构成对行为规范的再度损害，其只是再度确认了行为人早已实施完毕的实行行为确实有违行为规范而已。既然行为与结果之间的时间间隔已经造成了行为无价值的衰减，延迟出现的结果也就不再具有刑法意义。

对于已无需罚性的事件，自然应当自始将之排除在刑事不法的成立范围之外。具体到刑法教义学的层面，由于在结果延迟发生的案件中，客观上仍然存在着实行行为和危害结果，故应当否定行为与结果之间的归责关系，从而否定构成要件的成立。因此，行为与结果之间显著的时间间隔，应当导致不能再将延迟发生的危害结果归责于行为人的行为，显著的时间间隔应当构成阻却归责的事由。我们看到，在这些危害结果发生的渎职犯罪中，虽然它的危害结果是延迟发生的，但是客观来看，行为人毕竟实施了滥用职权行为或者其他的渎职行为，而且客观上确实存在损害结果，我们不管否定行为要件还是否定结果要件，都是不太合适的。我的建议是从行为和结果的关联性出发，这个长期的时间间隔阻断了危害结果和行为之间的归责关系。也就是说，当这个危害结果很长时间之后才发生的时候，它已经不能再归责于行为人多年之前所实施的违法行为。

最后的问题是实行行为和危害结果之间的时间间隔达到何种程度时，才能阻断归责关系？我国《刑法》第 87 条至第 89 条关于追诉时效的规定同样是基于对时间因素的考量而排除行为人的刑事责任，故应当类推适用刑法中的追诉期限认定中断归责关系的时间间隔。尽管不乏反对意见，但我认为，刑事追诉时效制度其实也是观念论的时间观所揭示的人的认知规律和刑事不法的本质共同作用的结果。在时间的流逝中，过往罪行对行为规范的消极影响也日渐消逝。在经过一定时间后，即便对行为人科处刑罚，也再无确证规范效力之裨益。此时，在自然意义上，这些罪行依旧与行为时的法律相悖，只能认为其形式上仍属违法行为。

然而，对罪行的刑法评价总是当下目的设定的延伸，刑法只能基于构筑当下社会的需求界定刑事不法的范畴。既然对这些罪行的处罚已经无法契合刑法确证规范有效性的目标，就不应再认为其具有需罚性，不能肯定其在当下社会中仍属刑事不法。这些罪行失去了与构建当下的行为规范和社会生活之间的意义关联，在时光中成为仅具有历史意义的事件，不能再成为国家发动刑罚的依据。换言之，行为人的罪行固然与行为时有效的行为规范相悖，从而对法规范的实效造成了损害，但是，在历经多年之后，相应罪行对规范效力的损害已经在时间的流逝中日渐消散，相关罪行不论是在行为人、被害人还是社会公众的印象中都已经失去了其现时性，成为与当下无关的历史事件。此时，即便再对行为人科处刑罚，也无助于实现刑法维护规范效力、保护法益的根本目的。故此时应当否定相应罪行的需罚性，认定其在当下社会现实中不再构成刑事不法。与此相应，刑法便通过追诉时效制度认定相关罪行已经超过了追诉期限，使之停留在其历史性中不再被触及。在这个意义上，追诉时效本质上也是基于需罚性的考量，针对刑事不法构建的筛选机制，其正当性根据与在危害结果延迟发生的案件中否定归责关系的理由如出一辙。

因此，在危害结果延迟发生的渎职案件中类推适用追诉期限认定归责关系具有正当性。在个案中的具体判断标准是：如果行为实行终了时就即刻造成相应的危害结果，相关犯罪已经成立的话，至危害结果现实发生的时刻，相关罪行是否已经超出了追诉期限？若得出肯定结论，则应当认为渎职行为已经因时间流逝丧失了与现时社会的关联性，从而否定其与危害结果之间的归责关系；若得出否定结论，则行为与结果之间的时间间隔并不阻却归责关系。同时，若个案中存在导致时效的中断、延长以及核准追诉等事由，其同样会相应影响对归责关系的认定。根据这种判断准则，在案例1中，即便何某某2009年的滥用职权行为即刻造成了案件中的危害结果，其罪行至2018年时已经超过了追诉时效，故应当类推适用追诉期限，中断该案中的危害结果与何某某滥用职权行为之间的归责关系，否定何某某构成滥用职权罪。同理，在案例2中也应当否定丁某某于2013年造成的恶劣社会影响与于某某1999年滥用职权行为之间的归责关系，不能据此追究刑事责任。

以上就是我报告的主要内容，说得不对的地方请各位老师和同人批评指正。

主持人：杜 宇

非常感谢王钢教授精彩的报告，使我们对于时间在刑法及刑事归责当中的意义有了更深的了解。不过王钢教授的时间观在我看来是比较线性的时间观，这些解释对某些亘古不变的事物有没有解释力，后面可以进一步考虑。接下来由山东大学法学院周啸天教授作报告，他的报告题目是《渎职犯罪因果关系判断中的介入因素》。

报告人：周啸天

渎职犯罪因果关系判断中的介入因素

我今天要汇报的题目是《渎职犯罪因果关系判断中的介入因素》。汇报的内容分为：如何看待渎职犯罪的视角转化；渎职犯罪的本质；如何判断渎职犯罪的因果关系。

（一）应当用风险防范的视角看待渎职犯罪

我曾经在基层检察院挂过职工作过，在我所挂职的县，每年反渎局查处的案子仅有为数不多的八九件。在查处的案件中，大部分县法院都以定罪免刑结案。我在 2021 年 3 月 22 日以"玩忽职守罪"为关键词在中国裁判文书网上做过检索，条件限定为判决书，得到的数据如下：2021 年（16 件）、2020 年（568 件）、2019 年（1040 件）、2018 年（1874 件）、2017 年（2759 件）、2016 年（2643 件）、2015 年（2083 件）、2014 年（2301 件）；以"滥用职权罪"为关键词检索判决书，得到数据如下：2021 年（58 件）、2020 年（1446 件）、2019 年（2121 件）、2018 年（2703 件）、2017 年（3422 件）、2016 年（3238 件）、2015 年（2088 件）、2014 年（2389 件）。考虑到部分判决书尚未上网，以县为单位计算，每个县每年查处的案件平均应该不到 10 起。另外，从以上数据可以得知，滥用职权罪、玩忽职守罪的查处数量从 2019 年以来有所下降。

数量下降的原因可能是多方面的，但这不代表我们对渎职犯罪的查处力度有所降低；相反，严格治理渎职，是"将权力关在制度的笼子里"的应有之义。因为渎职罪所侵犯的客体表面上是国家机关公务的合法、公正、有效执行以及国民的信赖，但实质上是一种系统性的、累积性的风险制造，因为在渎职犯罪所涉及的领域里，除了特别重大的渎职行为之外，往往不是一有渎职行为，上述法益就受到了侵害。一个官员的渎职行为尚不足以直接影响到国家机关公务的合法、公正和有效执行，国家机关的运行秩序还没有脆弱到能够被某一个人某一个行为所摧毁的程度。同理，一个官员的渎职行为也不足以直接导致百姓对公权力的信任，信任是一点点丧失的，有一个累积的过程。当问题积累到一定程度，超过了"河水"的自洁能力，就会量变引起质变，引发"多米诺骨牌效应"。因此，"防微杜渐"，防止"破窗效应"的蔓延，才是渎职罪设立的功能所在。不是从一个点，而是从"一条河"的角度看待渎职罪，或许更有利于我们充分理解渎职罪。

实际上，我们国家的刑事立法对于渎职罪的规制法网十分严密。我国《刑法》第 397 条规定了规制权力滥用和消极不用的一般条款——滥用职权罪、玩忽职守罪。所谓滥用职权罪是指国家机关工作人员滥用职权，致使公共财产、国家和人民利益遭受重大损失的行为。行为方式包括两种，即逾越职权行为与不当行使职权行为。逾越职权行为指行为人超越法律、法规规定的权限或授权、委托范围而实施的行为；不当行使职权行为，指行为人在法定职权范围内出于不合法动机而实施的背离法定目的、精神、原则的行为。根据其构成要件是行为人的滥用职权行为与法定危害后果之间具有刑法上的因果关系，否则，不构成犯罪。由于玩忽职守罪属于结果犯，要追究玩忽职守行为人的刑事责任，必须确认玩忽职守行为与重大人员伤亡、财产损失之间具有刑法上的因果关系。同时，作为一种渎职犯罪，玩忽职守罪在客观方面以国家机关工作人员严重不负责任，不履行或者不认真履行工作职责为特征，直接导致危害结果发生的，往往是非法采矿、冒险作业、违章生产等其他不法行为。在《德国刑法典》里则不存在一个一般性权力的规制条款。《日本刑法典》第193条规定的公务员滥用职权罪和我国的一般条款有些类似。但日本并没有规定玩忽职守罪，学界一般也将其作为一种广义的和职务有关的监督过失来探讨。由此可见，我们国家刑法典对权力的治理相较于德、日都要严密。

在这里，我首先想提出一个问题，大家看我国司法实践中是不是存在一个失衡的现象。我国刑法是不是对国家机关工作人员宽，对公民严？接下来，我提出一个案例，大家看是不是存在这个现象。

我们探讨的一个问题是消防员见到火灾不去救，成不成立不作为的放火罪。刑法学上向来把犯罪行为分为作为与不作为两种，对不作为又分为纯正的不作为与不纯正的不作为。纯正的不作为，是指依照刑法规定只能以不作为形式构成的犯罪，如遗弃罪。不纯正的不作为，是指以不作为的形式实施通常以作为形式实施的犯罪。理论上对于消防员见火灾不救是否成立犯罪是有争议的。有学者认为，从我国司法实践的实际情况出发，在被害人的合法权益面临迫切的现实危险，被害人与行为人之间存在具体的依赖关系，行为人具有消除上述现实危险的义务而不履行其义务，结果造成他人死亡的后果的时候，行为人的不履行义务的不作为和作为之间具有等价性，"见死不救"的行为符合故意杀人罪的客观要件。但是回到现实中，我发现司法实务中没有一个判例可以佐证。我们再来看，一个民警看到保安宿舍被一名男子砸了，然后他带保安去追这名男子，7 名保安对这名男子实施了殴打行为，这名男子当时应该已经晕倒在地，但是这个民警见死不救。这个民警创设了一个风险，他带着保安去打人并且见死不救，但是顶多被论以玩忽职守罪判刑 3 年。夫妻之间见死不救，依照不作为的故意杀人罪判了 4 年。这是不是折射出一个现象：刑法对国家机关工作人员比较宽容，见死不救时顶多构成玩忽职守，但是对于公民之间如夫妻平等主体之间，见死不救直接构成不作为的故意杀人罪？是不是出现了矛盾，如果认为这个矛盾不是矛盾，又该如何解释呢？

（二）渎职罪积极义务的不作为犯：违反了防范风险的义务

刑法中存在两个义务：积极义务与消极义务。法律人就是要划分清楚权利和义务。昨天讲到客观归责，这里面的客观指的是社会中存在的游戏规则。这次论坛为什么要把人身犯罪和职务犯罪分开来讲，我个人的观点是职务犯罪违背的义务是积极义务，国家工作人员应当做得更多，《刑法》第九章职务犯罪里有司法的公正、环境监管、食品监管，应当全方位地保证社会的系统运行，所以，他们应该做得更多，这是我今天提出的一个核心观点。

　　积极义务和消极义务不同，积极义务基于社会连带原理而产生，对应的是"以积极姿态做得更多"；消极义务基于侵害原理而产生，对应的是"以消极姿态不去伤害他人"。根据义务的不同来源，雅科布斯将义务分为积极义务与消极义务，两者对应着不同的归责原理。前者对应制度管辖，负有的是"和他人建设一个共同世界"的义务；后者对应组织管辖，负有的是"不得伤害他人"的义务。具体而言，消极义务是所有人都要承担的义务，是不得干涉他人自由的义务；积极义务却是专属于某些主体的义务，如特定的近亲关系、特定的共同体关系、自愿承担保护义务者、负有保护义务的特殊公职或法人机构成员等。制度管辖则对应义务犯，正犯准则是义务违反，可罚性基础也是义务违反；组织管辖对应支配犯，区分正犯与共犯的正犯准则还是支配原理，其犯罪的可罚性基础是法益侵害。生存是发展的前提，积极义务所保障的体制，是关于人之生存的体制，最典型的是扶弱体制。比如父母对婴儿的保护义务，在规定见危不救罪的前提下人与人之间救危扶困的团结义务，都是给每一位有可能陷于弱势地位的人上了一道保险。从这个视角来看，渎职罪中所保障的体制大多关乎生存的基础，如环境、食品、卫生监管涉及健康，司法涉及公平、税收征收涉及再分配和最低生活保障。

　　在新冠肺炎抗疫过程中，我们更加感受到了政府强大、高效的资源调动能力，相较之下，每一个公民都是传染病面前的弱者。在我国的根本政治制度下，权力来自于人民，服务于人民。习总书记曾说："我们的人民热爱生活，期盼有更好的教育、更稳定的工作、更满意的收入、更可靠的社会保障、更高水平的医疗卫生服务、更舒适的居住条件、更优美的环境，期盼着孩子们能成长得更好、工作得更好、生活得更好。人民对美好生活的向往，就是我们的奋斗目标"，并且人民"共同享有人生出彩的机会"。掌握强大资源的公权力机关以更加积极的姿态管理公共事务，保障共同体的存续和发展，正是在承担一份"和他人共建一个美好世界"的积极义务。

在社会动态发展的过程中，风险的出现难以避免，"黑天鹅"和"灰犀牛"并存，上述积极义务的履行方式便是为了防范系统运行中所出现的风险，违背了防范风险的积极义务，是渎职罪设立的本质。由此可以解释为何 1979 年《刑法》之中只存在玩忽职守罪，而 1997 年《刑法》之中增加了一个滥用职权罪，并将其与玩忽职守罪并列。因为越权办事者相比消极怠权者具有更高的一般预防必要性，而后续的司法解释为两罪设置了不同的入罪门槛的做法，也能够证明这一点。另外，两罪本质上都是对风险监督不力的过失犯，对"公共财产、国家和人民利益遭受重大损失"的结果不可能是故意，否则，就已经是输出风险的侵害犯了。比如，负责煤矿安全生产的安检员，如果明知井下瓦斯数据超标且已经有多次出现事故的征兆，仍然让工人下井开展钻探作业从而引起瓦斯爆炸致使多人死亡的，难道不构成故意杀人罪吗？

我们还可以观察一下积极义务。首先分析攻击型紧急避险中的风险转嫁，比如我被杀手追杀，我跑到某甲老师家里去，这实际上是一种风险转嫁，某甲老师具备一种容忍义务。见死不救也是这样，我看到一个人落水了，然后我下去救他，我的损失可能是我的手机或者是我的西服坏掉了，但是获得更高的利益。为什么这样？因为整个社会总是会有风险，总是会有人犯罪，包括这次新冠肺炎疫情，我们也在做大量追根溯源的工作。当人类面对风险的时候，我们总要用一种办法来消化这种风险，就有了保险制度。问题是怎么消化？就是社会整体交换，我可以把风险转换给钱叶六老师。如果有人死了，我能救而不救，因为我不救他就死掉了。当然，德国的罪刑要轻很多，它是积极义务。如果用重刑来促使我们每个人做得更多，那么成本就很大。

如果按照这个思路再往下看的话，《刑法》第九章的犯罪就比较有意思。首先司法是一个大的系统，司法的公正有时候很难言明，有权力就有腐败，绝对权力导致绝对腐败，很难以人的意志为转移，这涉及公正。税收也跟我们每个人相关，还有环境、食药和传染病防治，尤其是抗疫过程中我们切身感受到了传染病和我们生命存续的关联性，一个环节带一个环节，风险就是这样发生的，这些风险一定要通过社会整体力量消化。我们授权政府，政府的权力取之于民、用之于民。这些事物又和我们休戚相关，哪一个系统不是和我们生存、存续相关？如果大家认可我的想法的话，可能会得出一个结论：渎职犯罪违背的是积极义务，你要做得更多，如果不做就要承担责任。消极义务是我不伤害他人就可以，只要按照统一标准来要求所有的人和事，我就履行了消极义务。

那么，积极义务和消极义务是什么关系？当然自由更重要，自由主义刑法观已经深入人心。比如说故意杀人、故意枉法裁判。又如干涉离婚自由，被干涉者在囚禁过程中死亡，此时干涉者成立故意杀人罪。这种情况下违背的是消极义务，应该施以更严厉的刑法制裁。积极义务是要做得更多，要展现积极的态度。某种程度上讲，刑罚量应该控制在一定的程度。不作为的故意杀人罪判处的刑罚一般没有超过 10 年的。为什么呢？因为司法实践中法官有点不确定，行为人毕竟没有实施任何举动，用过高的刑罚逼迫行为人去展现积极的态度，那么法律和道德就难以区分了。

问题在于，怎么判断介入因素？我的观点很简单，判断介入因素，只要风险的负责人不选择抵消这个风险，责任就归属于他。好比条件关系，一种结果回避可能性。比如说我不用刀子捅别人，别人就不会死，这个时候检验的其实是我能不能回避一个人死亡的结果。因为用刀捅人人就会死，这是我们知道的经验关联。当我们并不知道一种经验关联的时候，我们根本做不出条件关系检验。比如说这次疫情，我们根本不知道这个病毒的发生机制，所以一切东西都是我们脑子里先有的，包括王钢老师讲到的时间。这里面的多因一果，负责这个事情就应当抵消风险，应当调动你足够的注意力。既然有了公权力，就要尽到信息收集义务、抵消风险的义务。如果在自己管辖的领域内不抵消风险，不管是介入了自然因素，还是第三方过失行为，都要承担责任。我本人长期研究共同犯罪，这个问题比较复杂，我想清楚了再跟大家分享。

（三）判断渎职犯罪因果关系的一个原则和两个细化标准

在渎职罪是通过介入因素而最终引起了危害后果的场合，大的判断原则是不抵消风险原则，即在风险监管者不抵消其所管辖的风险之际，就可推定风险由此而升高，如果风险最终实现，由风险所引起的后果就能够归属于监管者。进一步细化的两条判断规则是：1. 介入因素是否位于权力监管不力所可能辐射的范围内，这是基于规范目的的筛除法；2. 对于自然人的自损、他损后果，损害后果一般不可归责于权力者，这是自我答责的筛除法。

1. 一个原则

如果渎职罪的介入因素，落在了权力监管不力所可能造成的介入因素的范围内，介入因素引起的后果就能够归属于权力者。比如，"7.8 煤矿与瓦斯突出事故"。

2012 年 7 月，湖南省某煤矿发生了严重的煤与瓦斯突出事故。据查，在 2011 年进行的瓦斯等级鉴定中，该矿被判定为高煤与瓦斯突出矿井。同年，该市人民政府决定对全市煤与瓦斯突出矿井立即停产整改，煤矿整改完成后经验收合格，方准生产。黄某某为该煤矿的安全监管驻矿责任人，负责煤矿整改的监督工作，但此后监管不力，未能及时阻止危险施钻，导致事故的发生。法院最终认定黄某某成立渎职罪，因为本案被告人黄某某存在履职不到位、未全面履职的情况就是导致事故发生的最重要的间接原因之一，如果黄某某认真全面地履行了监督职责，则事故可以避免。

又如，"4.13 火灾事故"。

被告人陈某、林某同为沿海某市某区环境保护和安全生产监管局副局长。2014 年进行环保、安全生产检查时发现一家无证经营的塑料喷漆加工厂（经营者刘某，现场管理负责人邱某）。被告人陈某、林某对该加工厂下发了责令停止环境违法行为通知书后，仅现场口头向工厂负责人提出整改意见并口头要求在场的街道办相关人员跟踪落实。此后，该区环安局未再对其进行检查、落实整改情况或采取其他查处措施。2015年4月，管理负责人邱某的操作不当导致火灾。该案的直接原因是邱某操作不当，间接原因是该区环安局的单位、个人没有履行各自的职责，法院认为，陈某未落实监管措施，成立玩忽职守罪。

上述案例一般被作为"条件关系""多因一果"的情形加以讨论。我个人认为，只要把握住"谁管辖，谁负责"的权力归责原理，以及渎职罪都是因对权力所辖风险的监管不力，即违背积极义务而担责的犯罪本质，便可得出妥当的判断结论——上述案例中的被告因不抵消权力所辖范围内的风险而最终取得和结果之间的因果连接。

2. 两个细化标准

（1）规范目的筛选标准

在渎职罪的因果关系中，对规范目的的判断实际上是对管辖的判断，也就是对权力者所需负责范围的判断。当某结果的发生逸脱出权力者的管辖范围时，结果不能归责于他。例如，"包智安滥用职权罪"（《刑事审判参考》第327号案例）：

1997年3月至1998年1月，被告人包智安在担任南京市劳动局局长期间，未经集体研究，擅自决定以南京市劳动局的名义，为下属企业正大公司出具鉴证书，致使该公司以假联营协议的形式，先后向 3 家企业借款人民币 3700 万元，造成 3 家企业共计人民币 3440 余万元的损失。1999 年后，经南京市人民政府协调，由南京市劳动局陆续"借"给上述 3 家企业共计人民币 1700 余万元。南京市中级人民法院认为其滥用职权，致使国家和人民利益遭受重大损失，情节特别严重，构成滥用职权罪，判处有期徒刑 4 年。

后江苏省高级人民法院裁定撤销滥用职权罪，理由为：根据《合同鉴证办法》的规定，鉴证是工商行政管理机关审查合同的真实性、合法性的一种监督管理制度。本案鉴证书中南京市劳动局仅承诺承担督促正大公司切实履行协议的行政管理责任。鉴证制度的规范目的仅仅是监督合同的真实性、合法性而并非承担因合同相对方不能履约而给一方带来的损失。因此，南京市劳动局所损失的 1700 余万元是超出鉴证制度规范保护目的的后果，不应当将该后果算到被告人头上。还有这样一个案例：

1999 年 3 月 22 日，负责驾驶员体检工作的被告人龚晓收到蒋明凡的机动车驾驶证申请表后，在既未对蒋明凡进行体检也未要求蒋明凡到指定的医院体检的情况下，违反规定私自填写数据，致使 1995 年左眼视力已失明的蒋明凡换领了准驾 B 型车辆的驾驶证。此后，在 2000 年、2001 年及 2002 年蒋明凡都通过了彭水县公安局交通警察大队的年度审验。2002 年 8 月 20 日，蒋明凡驾驶一辆中型客车违章超载，造成特大交通事故。

法院一审认定被告龚晓无罪。检察院抗诉后，二审法院裁定驳回抗诉，维持原判。理由为：体检或审验，其效力都只及于检审的当年度。年度审验驾证并必须做身体检查的规范目的，是保证驾驶人的日常身体健康，在驾驶员存在影响行车安全的重大身体疾病时，能够及时发现。因此，当事故未发生在有效审验期间之际，审验员不对司机的健康状况负责。

（2）介入他人自杀、被告脱管另行犯罪之际，因果关系中断

公权力不能介入个人的私生活，我们是自己法益的最佳保护者和处分决策者，当介入他人自杀行为之际，如果将他人自杀的结果归责于权力者，等于变相承认了国家公权力有权管辖公民个人对生死的决定。例如，"莫兆军玩忽职守案"，原审法院认定如下：

2001年9月3日，原告李兆兴持借款借据、国有土地使用证、购房合同等证据向广东省四会市人民法院提起诉讼。该借条的内容为："今借李兆兴现金壹万元正（10000元）作购房之用（张妙金跟陈超新购入住房一套），现定于今年八月底还清，逾期不还，将予收回住房。此致 借款人张妙金、父张坤石、母陆群芳、妹张小娇 2001年5月1日。"李兆兴诉称张妙金等四人未能按期还款，请求法院判令他们归还借款和利息并承担诉讼费用。四会市人民法院经审查认为，原告的起诉符合法律规定的条件，依法决定立案，并确定适用简易程序审理，排定由该院民庭审判员莫兆军独任审判、书记员梁志均担任记录；案件编号为（2001）四民初字第645号，开庭日期为2001年9月27日上午。同月7日四会市人民法院向被告张妙金、张坤石、陆群芳、张小娇送

达了原告李兆兴的起诉状副本，以及答辩、举证通知书、应诉通知书、开庭传票。

2001年9月27日上午，被告人莫兆军依照法律规定的民事诉讼简易程序审理了原告李兆兴诉被告张坤石、陆群芳、张小娇、张妙金借款纠纷案。原、被告双方均到庭参加诉讼。被告人莫兆军在庭审的过程中，依照法律规定进行了法庭调查、质证、辩论和调解。经调查，原、被告双方确认借条上"张坤石、陆群芳、张小娇"的签名均为其三人本人所签，而签订借据时张妙金不在现场，其签名为张小娇代签。但被告张小娇辩称，借条是因2001年4月26日其装有房产证的手袋被一名叫冯志雄的人抢走，其后冯志雄带原告李兆兴到张家胁迫其一家人签订的，实际上不存在向原告借款的事实；事发后张氏一家均没有报案。当天的庭审因被告一方表示不同意调解而结束。庭审后，被告人莫兆军根据法庭上被告张小娇的辩解和提供的冯志雄的联系电话，通知冯志雄到四会市人民法院接受调查，冯志雄对张小娇提出的借条由来予以否认。

2001年9月28日，被告张妙金、张小娇到四会市人民法院找到该院的副院长徐权谦反映情况，并提交了答辩状，徐向被告人莫兆军询问情况，并将其签批有"转莫庭长审阅"的答辩状交给了被告人莫兆军。

2001年9月29日，四会市人民法院做出（2001）四民初字第645号民事判决书，判令被告张坤石、陆群芳、张小娇于判决生效后10日内清还原告李兆兴的借款1万元及利息，并互负连带清还欠款责任；被告张妙金不负还款责任。同年 10 月 12 日，判决书送达双方当事人。原告李兆兴表示没有意见，被告方认为判决不正确，表示将提出上诉。但直至上诉期限届满，被告方始终没有提交上诉状和缴纳诉讼费用，该民事判决书发生法律效力。

2001 年 11 月 8 日，李兆兴向四会市人民法院申请执行。该院依程序于同月 13 日向被告张坤石等人送达了执行通知书，责令其在同月 20 日前履行判决。同月 14 日中午，被告张坤石、陆群芳夫妇在四会市人民法院围墙外服毒自杀。

2001 年 12 月 5 日下午，中共四会市委政法委书记吴瑞芳与张坤石、陆群芳的家属张水荣、张继荣、张妙金、张小娇四人签订《协议书》，由中共四会市委政法委补偿张水荣、张继荣、张妙金、张小娇等家属人民币 23 万元，协议书由吴瑞芳（无加盖任何单位公章）、张水荣、张继荣、张妙金、张小娇分别签名确认。该款由四会市人民法院先行垫付。张坤石、陆群芳自杀后，四会市公安机关进行侦查，查明李兆兴起诉所持的"借条"确是李兆兴伙同冯志雄劫取张小娇携带的"国有土地使用证"后持凶器闯入张氏一家的住宅，胁迫张坤石、陆群芳、张小娇写下的。

原审法院认为：被告人莫兆军对民事案件中当事人张坤石夫妇自杀这一超出正常的后果不可能预见，主观上没有过失的罪过；其在案件审理中履行了一名法官的基本职责，没有不履行或不正确履行工作职责，致使公共财产、国家和人民利益遭受重大损失的玩忽职守行为，且张坤石夫妇自杀死亡的后果与被告人莫兆军履行职务行为之间没有刑法上的因果关系。因此，被告人莫兆军的行为不符合玩忽职守罪的构成要件。

张坤石夫妇在败诉后因对方当事人申请强制执行而到法院门口服毒自杀，是他们对于败诉的结果有怨气并作出的极端选择。但致使张氏夫妇自杀的唯一原因是被告人莫兆军的职务行为和四会市人民法院所做出的一审判决没有依据。主要表现在：一方面，在民事诉讼中，一方当事人胜诉、另一方当事人败诉是客观存在的普遍现象。且当事人败诉后认为，一审法院判决错误的一般都会通过法律赋予的权利寻求法律的再保护。但张坤石夫妇及张小娇姐妹在一审判决之后放弃法律赋予的权利，使错误的判决丧失了被纠正的机会。另一方面，张氏夫妇最终选择了极端手段是不恰当的。张氏夫妇的自杀反映出其对法律、对法院、对法官的严重不信任。事实上，被告人莫兆军严格履行职责，严格按照民事诉讼程序操作，其证据采信也符合民事证据原则，判决中也充分论述了对原、被告双方诉讼请求和抗辩意见采信与否的理由，不存在偏袒任何一方的情况。且经审查，被告人莫兆军在审理该案前与冯志雄、李兆兴素不相识，没有证据证明被告人莫兆军与原告方存在串通一气、故意偏袒的事实。因此，被告张氏夫妇因法律意识淡薄以及对自己举证不能、放弃权利、败诉后选择极端手段最终自杀身亡的选择是不恰当的。

另外，法官并不负有保证被宣判的人不再犯罪的义务。换句话说，除非将被宣判的人视为危险源，并科以法官作为义务。但是，被判刑的人本身并非危险源，即便是有前科在先的人，也不能推定其本身就是危险的。因为在规范的世界里，不实施犯罪行为才是符合规范期待（信赖）的正常行为；反之，犯罪本身就是打破规范期待的异常事件。要让法官对一个异常事件的发生负责，无疑扩大了法官的义务范围。因此，除非法官给已经有明显征兆表明将要实施犯罪的人提供帮助（包括判决后不收监，此时信赖已经被打破），或者直接教唆其犯罪，否则，法官无须对判决后再次犯罪的人所引起的结果负责。这是"责任自负"原则的应有之义。如此来看，以下两个案例值得商榷。

被告人王某某，2009 年 1 月任黎城县人民法院副科级审判员。长子县人民检察院指控，2012 年 7 月 10 日，黎城县人民法院受理的华某非法运输爆炸物一案，被告人王某某作为华某非法运输爆炸物一案的审判长，对当时拟判处有期徒刑的被告人华某，在判决宣告前和宣告后，明知未对其执行逮捕，仍未采取强制措施控制罪犯，未到庭宣判却署名，判决生效后，也未依法将罪犯羁押和交付执行，致使罪犯严重失控并重新犯罪，造成恶劣社会影响，应当以玩忽职守罪追究其刑事责任。长子县人民法院重审后以"被告人王某在对华某宣判后未采取任何控制措施致使华某独自离开黎城县人民法院，判决生效后华某脱管，且华某在脱管期间重新犯罪后被判处刑罚，造成了恶劣社会影响"为由认定王某已构成玩忽职守罪，以定罪免刑论处。

被告人刘某甲系大连市中山区人民法院刑事庭审判员，原判认定刘某甲在 2007 年 1 月至 2008 年 3 月间在办理被告人刘某乙涉嫌故意伤害罪一案时，对刘某乙做出有罪判决后被告人刘某甲严重不负责任，不认真履行工作职责，未及时对被告人刘某乙送交看守所收押执行,导致罪犯刘某乙在没有被监管的情况下多次犯罪,致使人民利益遭受重大损失,其行为已构成玩忽职守罪。但被告人刘某甲犯罪情节轻微,可以免予刑事处罚。上诉人刘某甲提出的其对罪犯刘某乙的未收监执行并无过失、不应将责任归于其的上诉理由。二审法院认为判断渎职犯罪有无因果关系的关键在于渎职行为与危害后果之间是否存在客观关联,上诉人刘某甲的玩忽职守行为与罪犯刘某乙脱逃后再次犯罪的危害后果之间存在明显的客观关联,未采纳刘某的上诉理由,裁定驳回上诉,维持原判。

个人认为,以上案件与其定罪免刑,不如直接宣判无罪,才更符合刑法中的"责任自负"原理。

最后,我们以往对渎职罪的研究往往聚焦玩忽职守罪、滥用职权罪这两个一般罪名,研究的问题也主要是两罪的主观方面。对此存在故意说、过失说和双重罪过说等学说。无疑,以往的探讨取得了丰硕的研究成果。未来我们对于渎职罪的研究或可进一步聚焦个别犯罪,即第 398 条至第 419 条,并与行政法衔接,研究各个具体行政管理系统中权力者须负责的管辖范围,这划定了归责的外围界限。而过失的共犯理论,则有助于进一步筛选归责的内部界限。换句话说,渎职罪仍然是富含实践性和理论性,且兼备行政刑法和过失共犯理论元素的有待我们深挖的富矿。我想,这也是主办方将该题目作为讨论焦点的用意所在吧。

主持人:杜　宇

周啸天教授主要是从义务的类型,以及义务分配背后危险管控的分配这个视角，为我们提供了一些非常有启发性的探讨。在我看来，周啸天教授最后提出的两个类型化的考虑，主要是在两个比较极端的领域作出的类型化的探索，在风险分配的模糊地带，其探索还可以更充分地展开一些。

二、评议

主持人：吴允锋

现在进入评议环节，这个环节由我和柏浪涛教授共同主持。我们首先有请第一位评议嘉宾，苏州大学王健法学院蔡仙老师作评议。

评议人：蔡　仙

我将分享一下我学习王钢老师的《滥用职权罪中的因果关系——简评刑事归责的时间之维》以及周啸天老师的《渎职犯罪因果关系判断中的介入因素》两篇文章后的一些心得，以及在此基础上提出自己的某些疑惑。

刑法中广义的因果关系认定通常分为事实归因与规范归责两个部分。事实归因是按照条件公式来处理的，较为容易。比较困难的是如何进行刑法上的归责。我们这里探讨的职务犯罪中的因果关系主要是刑法上的归责关系。这涉及著名的客观归责理论。客观归责从因果关系问题转化而来，归因与归责是有所不同的：

归因是一个事实问题，通过因果关系理论解决；归责是一个评价问题，通过客观归责理论解决。对此，我国台湾地区学者指出：就刑法评价需要性而言，确定行为与结果之间是否存在因果关系，固然重要；更重要的是应该进一步判断，行为人造成具体结果之行为在客观上是否系可归责，而应负刑法之责任。易言之，在因果关系之判断上，对于结果之原因与结果之归责，应加以区分。

罗克辛教授的客观归责是以条件说确定的因果范围为前提的，正如主观归责是以心理事实为基础一样。客观归责作为一种规范评价，它所要解决的是在具备事实因果关系的情况下，进一步从规范上考察，其结果是否可以归责于行为主体。如果按照罗克辛教授的客观归责理论，规范归责包括了"创设法所不允许的风险"和"实现法所不允许的风险"两个部分。

有学者将前一部分视为构成要件行为的认定阶段，后一部分才是结果归责的判断。按照我国学者的分类，又分为直接实现型和间接实现型。在直接实现型中，对于结果的发生，实行行为起到了决定性作用，介入因素是否存在及其性质并不重要。而在间接实现型中，行为人实施行为之后又介入其他行为，实行行为的危险经由介入行为转化为结果。一般而言，由于介入因素的存在，间接实现型中因果链条比较复杂，因此，因果关系的判断更为困难。虽然职务犯罪包括贪污贿赂犯罪、渎职犯罪和侵犯人身权利、民主权利的犯罪这三类犯罪，但其中，渎职犯罪这类犯罪的因果关系最难判断，因为它多数情况下是属于间接实现型的因果关系。正如两位老师所指出的，渎职行为和危害结果之间存在间接、偶然的因果关系，经常是其他介入行为（共同）造成了危害后果。

除此之外，王老师还提到了一些渎职案件中经常出现"损害结果延迟发生"这一现象，即往往行为人在行为终了很长时间后才发生构成要件结果。正是针对危害结果延迟发生的渎职犯罪案件，王老师突破了传统的刑事归责理论，结合刑法中的诉讼时效制度，从时间之维创设了一个新的归责规则。根据该规则，在危害结果延迟发生的渎职犯罪案件中，行为人的行为虽然违反了法规范，但在结果发生时，行为对法规范的有效性和法安定性的损害可能已经在时间的流逝中显著削弱，以至于没有必要通过科处刑罚来确证规范的有效性。另外，对于行为与结果之间的时间间隔达到何种程度才能阻断归责关系，王老师主张类推适用刑法中的追诉期限。

周老师则确定了通过介入因素而最终引起危害后果的场合，渎职犯罪因果关系认定的一个原则和两个细化标准。大的原则是不抵消风险原则。结合周老师在会议论文中的表述，不抵消风险原则应该适用的是渎职罪不作为犯的场合。而在作为犯的场合，我觉得，渎职行为应该是积极创设了一个风险。在这个原则之下，周老师又进一步通过具体形象的实务案例提出两条进一步细化的判断规则，即介入因素是否位于权力监管不力所可能辐射的范围（规范目的），以及自然人的自损、他损后果一般不可归责于权力者（自我答责）。

可以说，在如何合理限定渎职犯罪的因果关系认定问题上，两位老师从不同的视角切入进行了创新性的、富有启发性的研究，这是让我受益匪浅的地方。而且，这些研究成果也可以为司法实务处理相关案件提供一个有益的借鉴。另外，我个人还有一些疑惑想分别向两位老师请教：

第一个想先向王老师请教的疑惑是，王老师提及"在危害结果延迟发生的渎职犯罪案件中，身为国家机关工作人员的行为虽然确实违反了法规范，但在结果发生时，其对法规范有效性和法安定性的损害可能已经在时间的流逝之中显著削弱，即便再对其科处刑罚也再无确证规范有效性之裨益，以至于其行为……不能再被评价为刑事不法"，那么，这里所说的"法规范的有效性和法安定性的损害"显著削弱如何具体体现？行为实施完毕之后，对法规范的损害已经发生了，这个损害是否会削弱？在王老师提及的第一个案件中，按照相关规定，驾驶大型客车必须是在50周岁以下，李某办理驾驶证增型时已经53岁了，所以他要将自己的年龄改小6岁，才能够成功获得驾驶大型客车的资格。在这个改出生日期的过程中，被告人滥用职权。一般来说，大型客车对驾驶员的临时反应能力提出了更高的要求，而年龄则体现了个人的反应能力。在此情况下，显而易见的是被告人滥用职权的行为所创设的风险是伴随着时间的流逝（9 年时间）、李某年龄的增长而不断增长的。这种风险的增长是否会影响"法规范的有效性和法安定性的损害显著削弱"这一判断？当然，王老师提及的第二个案件中，被告人滥用职权所创设的侵害法益的风险随着时间的流逝是没有增长的。

第二个疑问是虽然王老师提及的是渎职犯罪场合，但是在一般的过失犯的场合，能不能用到通过时间来阻断归责这一理论？

第三个疑问是向周老师请教的。我个人觉得，根据我国现有的司法解释及指导性案例，我们发现渎职犯罪中的因果关系认定，其实并不能够严格地遵循我们理论上所探讨的德国刑法意义上的归责理论。比如说 2012 年最高人民检察院公布的第二批指导性案例检例第 8 号里面提及了："如果负有监管职责的国家机关工作人员没有认真履行其监管职责，从而未能有效防止结果发生，这些对危害结果具有原因力的渎职行为，应认定为与危害结果之间具有刑法意义上的因果关系。"所以这种原因力体现出职务犯罪中因果关系的认定不过是一个结果支配的问题，这个也是王老师刚刚提到的。

另外，根据最高人民检察院关于渎职侵权犯罪案件立案标准规定，在一些渎职行为中，情节严重包括被害人、行为当事人，或者其亲属自杀自残，造成重伤死亡的，或者精神失常，这里的被害人自杀是一个影响定罪的要素。我的疑问是既然渎职犯罪中的因果关系认定并不同于我们传统所说的结果归责，而是一种缓和的结果归责。换言之，当犯罪归属的条件缓和，尽管不符合通常的结果归属条件，还是能够使结果归属于行为人的行为。并且，结果归属后的行为追究比较缓和，它的量刑比较轻微。我们通过渎职罪进行归责时，认定其符合刑法规定的归责体系，如何与传统的结果归责进行衔接，传统的结果归责理论哪些适用于渎职犯罪，哪些不适用于渎职犯罪？对于报告中周老师提出的莫兆军玩忽职守案的处理结论，我是持肯定意见的，因为在这个案件中，莫兆军出罪的理由在于他根本没有玩忽职守的行为。

实际上，会产生困惑的情形是如果行为人渎职，比如说在徇私枉法或者枉法仲裁的场合，致使当事人或者其近亲属自杀、自残造成重伤、死亡，或者精神失常的，根据相关司法解释，是会被视为"情形严重"，需要定罪处刑的。此时，严格意义上的结果归责理论如"自我答责理论"似乎并不适用。张明楷教授将这种情形视为"缓和的结果归属"。他认为，结果归属可以分为三种类型：通常的结果归属（客观归责）、严格的结果归属与缓和的结果归属。将他人自杀死亡的结果归属于行为人的引起行为，就是典型的缓和的结果归属。缓和的结果归属具有两个特点：一是结果归属的条件缓和，即尽管不符合通常的结果归属条件，但仍然将结果归属于行为人的行为；二是结果归属后的刑事责任追究比较缓和，即虽然将自杀死亡结果归属于行为人的引起行为，但并非令行为人承担故意杀人罪、过失致人死亡罪的刑事责任，只是使行为人承担相对较轻犯罪的刑事责任或者作为从重处罚的情节。那么，如何理解和应对司法解释规定的这些"缓和的结果归属"情形，它们是否会与刑法中的责任主义原则相背离？我想向各位老师请教一下，以上是我的一些心得。

主持人：吴允锋

非常感谢蔡仙老师的精彩点评，王钢老师基于损害结果延迟出现的情况，深入探讨了渎职犯罪。王钢老师的基本观点存在归因的特征。在归责领域，提及时间的特性，包括我们刑事不法的本质，这可能是行为的无价值问题。通过时间的推迟过程发展，可以减弱行为的刑事不法，导致最后进入不予归责的范畴。对此，蔡仙老师的疑问是，是否在许多情况下归责的价值判断降低？这确实是一个问题。

对于周啸天教授的讲演，刚才蔡仙老师也提出了一些疑问。这些问题大家可以进一步探讨。接下来有请第二位评议人，上海市闵行区人民检察院曹化副检察长。

评议人：曹　化

对于王钢副教授和周啸天教授提交的两篇报告，我简要地讲讲自己的一些体会。

今天设定的这个主题，职务犯罪中的因果关系，确实与昨天的人身犯罪当中的因果关系相比，理论意义更深，更有难度，点评的难度也很大。渎职犯罪因果关系是渎职行为与危害结果之间的一种引起与被引起的关系，如何准确认定这种关系一直以来都是理论和实践中的难点。刑法因果关系理论发展至今，虽然学术成果众多，但是，具体针对渎职犯罪因果关系的探讨仍然相对较少，同时，由于渎职犯罪形式的多样化、复杂化，其因果关系认定亦成为实践中制约相关案件办理的重要因素。因此，以渎职犯罪因果关系为主题，各位教授发表这样的真知灼见，表达自己的一些观点，我觉得对于理论和实务都是极具重要意义的。

王钢副教授和周啸天教授的报告成果就渎职犯罪因果关系所作的分析论证，无疑对于厘清该领域的理论和实践问题具有重要意义。王教授认为在滥用职权等渎职行为于较长时间之后才导致危害结果的场合，应当在因果关系层面探寻行为人的出罪理由，也即滥用职权行为和结果之间显著的时间间隔，应当构成阻却归责的事由。周教授从风险防范的视角，提出渎职犯罪实质上是一种系统性、累积性的风险制造，其构成犯罪在于违反了防范风险的积极义务，同时重点阐释了判断渎职犯罪因果关系的不抵消风险原则以及规范目的、自我答责等两条细化标准。两位教授的报告都紧贴司法实践，结合真实案例阐释核心观点，由理论观点出发评析具体案例实体处理得妥当与否，体现了学术理论和司法实践的紧密结合。

渎职犯罪因果关系认定难，一方面，与刑法因果关系理论学说的复杂性有关。我们知道，因果观念是人类对客观世界认识而形成的最古老的观念之一。在哲学上，原因和结果是揭示现象之间相互联系的一个方面或一种形式的一对哲学范畴。所谓原因，是指引起某种现象的现象。所谓结果，是指被某种现象所引起的现象。现象之间这种引起和被引起的关系就是因果关系。可以说，关于原因和结果的思想是欧洲哲学史上最早出现的哲学思想之一，也是当今刑法研究的难点。另一方面，由于渎职犯罪因果关系的认定有其特殊性，而这种特殊性成为渎职犯罪因果关系认定过程中最大的障碍。渎职犯罪因果关系的认定难点主要有三个：

一是"多因一果"情形较难认定。除了国家机关工作人员的渎职行为外，往往还杂糅了第三方介入等多种因素。渎职行为与危害结果之间具有客观上的关联，并且持续作用到危害结果的发生，从而使渎职犯罪因果关系的认定存在一定困难。二是介入因素对因果关系的判断造成障碍。先行为发展进程中，介入了自然力、被害人行为、第三人行为等因素，如何确定因果关系和先行行为人的责任，一直是因果关系理论研究的重点和核心，也是困扰司法实务的难题。因果关系理论虽然历经长久，形成了诸多学说，但介入因素情况下因果关系的确定依然没有完善的解决方案。从严格意义上讲，刑法上的介入因素应该指的是介入实行行为引起危险结果的发展过程，能为刑法所独立评价的外部客观因素的总称。当渎职行为直接导致危害结果的发生时，很容易认定二者之间具有因果关系。如果介入因素导致正常的因果关系受阻甚至中断而不能将危害结果归责于渎职行为，就应当否认因果关系，进而否认渎职犯罪的成立。因此，介入因素是因果关系认定的一个难点。三是不作为渎职行为的刑事问责难。在司法实务中，相当一部分渎职犯罪是以不作为方式实施的，判定因果关系时的难度明显高于作为犯罪。不作为渎职行为具有隐蔽性，同时，是否存在作为义务是判断因果关系的前提，而作为义务与相关领域、行业的特殊规定有关，因而较难认定。

就滥用职权犯罪刑事归责的时间维度而言，从稳定社会关系和充分利用司法资源的角度，行为和结果之间显著的时间间隔，能否阻却归责是值得充分探讨的。可以认为，追诉时效的规定体现了这一思路。随着时间的推移，因犯罪受损的社会关系趋于修复和安定，相关证据有湮灭的问题，在司法资源有限的情况下当前发生的犯罪更值得司法机关重点打击。也正是基于这一思路，对滥用职权犯罪刑事归责时间维度的探析，应当符合我国《刑法》对追诉时效的基本规定。我国《刑法》第 89 条规定，追诉期限从犯罪之日起计算；犯罪行为有连续或继续状态的，从犯罪终了之日起计算。有观点认为，滥用职权罪的追诉起算点应当是危害行为满足该罪各构成要件之时，由于滥用职权罪的构成包含公共财产、国家和人民利益遭受重大损失这一要件，因此，其追诉期限应当从重大损失后果出现时起算。同时，渎职犯罪危害结果的发生往往由于多种原因行为或介入因素所导致，这些原因行为和介入因素大多存在时间上的先后顺序，因此，危害结果的发生并非一蹴而就，而是一个长期积累的过程。在讨论滥用职权犯罪刑事归责的时间维度时，上述观点应予以注意。

司法实践中，渎职行为不一定直接导致危害结果的发生，往往还介入了其他因素，但不能就此得出渎职行为和危害结果没有因果关系的结论。对于案件中因果关系的认定，不能孤立地从渎职行为本身去判断会不会发生危害结果，而应当先确定符合犯罪构成的危害后果，然后以此为起点向前寻找造成该结果的各种因素，凡是对危害结果起到原因力作用的行为都应当被认为与该结果之间具有因果关系。在对介入因素进行分析时要遵循客观全面原则。只有当介入因素同时满足独立存在和独立导致危害结果发生两个条件时，才有可能中断渎职行为和危害结果之间的因果关系。此外，还应当考虑渎职行为和介入因素社会意义相比较的问题，如果介入因素是完全正常的社会行为甚至是有意义的社会行为，一般就不否定行为和结果之间的因果关系。如果介入因素本身具有明显的社会违规性，如故意利用渎职行为所形成的条件进行违法犯罪，就会中断渎职行为与危害结果之间的因果关系。

总之，职务犯罪因果关系这一报告主题的设定，以及王钢副教授、周啸天教授就这一主题从各自角度所展开的深入分析论证，有助于渎职犯罪因果关系理论与实践体系的进一步细化和完善。随着相关理论研究的深入、法律制度的健全以及司法人员对"没有渎职行为就没有危害结果"这一判断标准的深刻理解，对渎职犯罪因果关系的认定和把握一定能够更加客观、准确。

主持人：吴允锋

谢谢曹检察长的精彩点评，他在交流自身学习体会的同时，也提出了一些疑问，其中包括王钢副教授讲演内容中，构成要件到底什么时候需要满足的问题。其实王钢副教授文章里面也有提到归因、归责的问题。在损害结果方面，我们的评议人也进一步提出了更为深入的问题。至于对周啸天教授提出的问题，也十分细致入微，我们可以在后面进行交流。接下来请柏浪涛教授主持接下来的评议环节。

主持人：柏浪涛

接下来有请上海市第二中级人民法院研究室黄伯青主任进行观点点评。

评议人：黄伯青

我将从三个角度，即知识背景、认定的思路、检验这三个角度来评议我们今天探讨的这个主题。

今天的讨论焦点，也就是介入因素的判断问题，在司法实践当中，案件非常多。不仅在普通的刑事案件当中，在经济犯罪案件中都存在这个情况。刑法中的因果关系，是指实行行为同危害结果之间的引起与被引起的关系。因果关系理论的意义在于任何人都必须对自己的行为所导致的后果负责，但又要排除各种形式的株连。在司法实践中，要将所发生的结果归咎于行为人，就必须要求行为人的实行行为与结果之间具有原因和结果的关系，否则，这种归责就违背了罪责自负的要求。对于刑法的因果关系，从认定的背景来讲，原因和结果是引起与被引起的关系，我们在集中注意观察两者之间关系的时候，也不能忽视原因和结果本身。详言之，刑法意义上的因果关系是危害行为与危害后果之间的引起与被引起的关系，其中"引起"是原因，"被引起"是结果。这种关系本身是客观的，不以人的意志为转移。所以，因果关系的有无，只能根据事物之间的客观联系进行判断。

需要注意的是，虽然因果关系本身不包括原因与结果，只包含二者之间引起与被引起的关系，但讨论因果关系，又不可能完全脱离原因与结果本身。在客观事物不断更替的运动中，一般表现为原因在先、结果在后，结果不可能在原因之前存在。因此，司法机关只能在结果发生之前的行为中寻找原因。但是，因果关系并非只是上述时间上的先后关系，认定因果关系还需要考察其他特征。在客观世界中，各种现象普遍联系，相互制约，形成了无数的因果联系。一种现象相对于被它引起的结果而言是原因，而它本身又是被某种现象引起的结果。所以，在认定因果关系时，一方面要善于从无数因果链条中抽出行为与结果这对现象；另一方面又不能割断事物之间的联系。具体来讲，司法机关在发现某种结果时，要查出何种原因导致该结果，势必要研究这一孤立的行为与结果之间的关系。仅此不够，还要注意普遍联系，查明行为是否由他人的行为引起，是否还有另外的结果发生。这是我想分享的第一点。

我想分享的第二点是认定的思路。确认存在刑法意义上的因果关系，意味着将结果归属于某个实行行为，在实行行为客观必然造成结果的发生时，该结果就是实行行为的危险现实化，这样的情况应该直接肯定存在因果关系。但是，如果存在介入因素等原因，实行行为是否引起了结果的发生，往往是司法实务认定的难点，一直以来存在较大的争议。

我们姑且将这种情况称为中断的因果关系，具体而言是指某种危害行为引起或正在引起某种危害结果，在因果关系发展的过程中，介入了另一原因，从而切断了原来的因果关系，行为人只对另一原因介入前的现实情况负责。介入原因引起的最后结果，与前行为之间没有因果关系。

理论上一般都认为，介入因素一般具有如下特征：其一，时间特性。介入因素须发生在实行行为开始之后，危害结果出现之前。其二，独立特性。介入因素相对于实行行为而言是独立存在的，呈现出一种高度的盖然性和或然性，在刑法上具有独立的评价意义。其三，作用特性。介入因素或多或少对因果流都会产生一定的影响，这种影响往往表现为直接作用于结果本身，与结果之间存在着直接的联系。介入因素作用于结果的程度多种多样，有的仅推动结果的加速产生，并不改变因果流方向；有的与实行行为共同作用，改变了因果流发展方向；有的则对结果产生决定性作用，彻底切断了因果流，这种情况就是条件说中的因果关系中断。我认为，是否中断前行为与结果之间的因果关系，必然涉及实行行为与介入事实。这些事实既包括自然力，也包括危害行为。司法实践中，并非所有的介入因素都必然中断因果关系，我认为，同时符合如下四个条件，才能中断前行为与最终结果之间的联系。

首先，前行为必须已经实施终了且行为的影响已完全显现。作为引发原因的前实行行为必须已经实施终了，且该行为造成的影响已经完全显现。如果一个行为是个持续犯，其造成的犯罪影响一直延续到犯罪后果的发生，那么，就要考虑单纯的"时间久远"因素是否必然会中断该因果关系？王钢副教授文章的逻辑基础是成立的。时间的延迟的确可以一定程度上削弱因果关系的成立，使用追诉时效的理论来界定到底多长的时间可以中断因果关系有逻辑基础。个人赞同这样的论证结论。因果关系的成立，一定要求犯罪行为与危害后果之间的紧密联系，时间空间的大跨度间隔，的确会影响二者联系的紧密程度，导致引起与被引起的因果联系变得松散。

尤其当实行行为是个短暂的"点行为"的时候，行为一经实施就已经终了的情况下，是否必然引发很多年之后的危害后果，这中间到底有无其他介入因素，存在很大程度的不确定性，所以，长久的时间间隔的确有可能会在这种情形下削弱因果关系。王教授的观点是身为国家机关工作人员的行为虽然确实违反了法规范，但在结果发生时，其对法规范有效性和法安定性的损害却可能已经在时间的流逝之中显著削弱，即便对其科处刑罚也再无确证规范有效性之裨益，以至于其行为因丧失了与现时社会的关联性而不再具有需罚性，从而不能再被评价为刑事不法。

所以，王教授的这一观点有心理学基础，也符合刑法教义学的逻辑。

据此思路，反观王钢副教授文中的两个案例，我们需要研究一下，滥用职权行为是一个纯粹的"点行为"还是一个持续状态的行为，是一个纯粹的行为犯，抑或结果犯，假如滥用职权或者玩忽职守的行为，其不法状态延续至危害结果发生，是否就不再受到时间久远的影响而中断？我简单就文中的两个案例谈谈个人体会，与大家交流。

第一，滥用职权行为不是一个纯粹的"点行为"，而是一个具备延续状态的"线段行为"。滥用职权，大部分涉及审批类的行政许可、行政确认等具体行政行为，表面上看好像是滥用职权，审批一个材料、签个字、敲个公章就结束了。实际上，这种违法审批造成的不法状态一直在延续，而这种延续又恰恰纵容了行政相对人恣意违法的心理，导致这个人在这种不法状态延续期间，一直缺乏对法律、行政法规的敬畏之心。案例中的两个行为人，一个通过违法行政确认，获得了可以驾驶大型车的年龄资格，这种不法状态一直持续到驾车事故案发；另一个人则是一直使用违法审批、违法变更面积和使用性质的房产证书，试图以此要挟政府，以获取更多拆迁补偿，这种不法状态也是一直延续，延续到政府因为被拆迁信访，回头倒查房产证书取得的合法性的时候，这种不法状态的延续才结束。从刑法教义学的角度来看，这两个案例里的滥用职权行为的状态均处于持续中，直至致使国家、公共利益造成重大损失这一结果发生。如果我们将滥用职权行为看成是一个"点行为"，那的确，从表面上看，这个

"点行为"和案发时候的危害后果之间间隔了很多年，因果关系能否成立存在疑问。但是，如果从法理上分析，滥用职权行为确实是个"线段行为"，一直延续到危害后果发生。因此，可以发现这种因果关系的紧密性并没有被时间久远所中断。

第二，关于追诉时效的问题。追诉时效也要从两个角度来看，司法实践中，如果某种行为是持续进行的话，其实没有必要考虑追诉时效。这两个案子中的滥用职权行为，处于一种连续的状态。毕竟跟拿刀捅一下就结束的行为有区别，这两个案子类似于行政审批、行政许可，不是说章盖完了、证颁出去就结束了，它的后果一直存在。这种情况下，从这个线段行为来看，我个人认为它的状态在持续当中，也就无需通过追诉时效来判断，因为行为造成的影响一直处于持续状态。对于一经实施就终了的行为，追诉时效的判断要根据这个行为本身，如果认为滥用职权行为是个点行为的话，该如何判断？要根据该行为所导致的危害结果对应的量刑幅度上限加以确定诉讼时效。

其次，介入事实的发生是行为人不可预见的。判断前行为人是否可以预见到介入事实发生，要根据一般人的认识水平，结合案件具体情况具体分析。如按照一般认识标准，介入的事实无法预见，则该介入因素可以中断因果关系。当然，如果有充分证据能够证明行为人的认识水平、知识储备、业务能力等使其认识能力高于常人，则可以提高其注意义务，扩大其认识范围，提升其预见能力。张明楷教授称为"行为人的管辖范围"。

周教授文章里的两个案件中的行为人，一个是民事法官，另一个是刑事法官。因果关系到底在出现什么样的介入因素时可以中断，周教授提出因他人行为的介入、被害人自杀、行为人另行犯罪等因素的介入，均可中断因果关系。我个人对此基本赞同。但有的案件可能需要具体问题具体分析。以玩忽职守罪为例，这个罪名能否成立，要看是否存在擅离职守行为，要看行为人是否尽责履职。怎么看？其一，要按照法定或单位规定的工作流程，审视这个人是否照章办事；其二，假如的确有玩忽职守的行为，还要再看是否造成重大损失；其三，要看玩忽职守行为和重大损失之间是否存在实质上的因果联系。以广东"莫兆军案"为例，莫法官在办理民事案件的流程中并无严重不负责任的情况出现，他只是根据民事案件证据规则作出了判决，但由于被告无法接受判决结果而出现在法院门口喝药自杀的悲剧。这个案子，退一步讲，假设法官在办理民事案件过程中存在玩忽职守情况，没有查明借条是伪造的，进而作出错误判决，被告因此喝药自杀，能否认定法官玩忽职守罪成立？即便如此，也很难认定。

诚如周教授文中所说，这种玩忽职守行为和被告自杀的后果之间的因果关系是不是已经中断了。从社会公众朴素的正义观念来评估，任何一个法官都有犯错的可能，都有采信伪造证据、作出错误判决的可能，所以才有二审、再审等一系列纠错制度的设置。不能苛求法官在作出裁判时，还要兼顾当事人可能接受不了裁判并自杀的情况。从常理上来说，不服一审判决，理性的当事人会通过上诉、申诉，哪怕信访去解决问题，而不是通过自杀来进行表达。因此，因果关系的成立取决于行为和后果之间是否存在"合乎规律地引发"，这就有常识的评估在里面。很显然，要求民事法官对被告可能会不服判决而自杀承担玩忽职守的责任超越了这种常理，是对法官的苛求。只要民事法官依法适用证据规则，穷尽了发现案件真相的法律手段，哪怕当事人不能接受判决，出现了再严重的不理性行为，也不能就此任意建立起因果关系。

另一起案件是大连市中山区法院审理的"刘某甲玩忽职守案"。这是一个刑事法官涉嫌犯罪的案件，为什么要拿以上两个案件作对比？就是为了论证因果关系是否中断要根据案情具体分析。这个刑事法官作为被害人的案件，我认为，因果关系不中断。这个案件中，由于法官判处被告人实刑，但这个被告人被取保候审，在判决生效后需要依法送监执行。由于法官的疏忽，没能及时将犯人送监，在这一真空期内，犯人又作案几次。纯粹看因果关系，法官超期未送监的行为，给犯人继续作案提供了时间条件，这种联系是客观存在的。此时如果我们具体问题具体分析，可以发现这样一个隐性事实，即刑事法官判决此人实刑而非缓刑，说明法官对此人行为的社会危害性、此人的人身危险性有认识，在有这种认识的前提下，仍超期不将此人送监执行。显然，对此人可能继续造成社会危害因而应当进行严格预防，法官存在疏忽大意的过失心态。在客观的工作流程上，也显然存在未正常履职的问题。这个主观方面和客观方面，可以印证玩忽职守的行为是存在的。那么，再看因果关系。前面说过，这种玩忽职守行为给犯人再次犯罪提供了机会，事实上犯人正是在此期间多次犯罪，反过来说，如果及时收监，犯人就不会有再犯可能。因此，从实质上看，这种因果关系没有因为犯人的再次犯罪而中断。当然，至于法官是否成立玩忽职守罪，我也觉得有待商榷。

犯人的再次犯罪行为也要具体地看，如果仅仅是盗窃少量财产等常见轻微犯罪，即便前面有玩忽职守行为、有因果关系存在，也不能认定为重大损害后果，不应成立犯罪。

通过这样的分析，自然引出了另外两个条件，一是介入事实是否完全独立，二是危害结果是否完全由于介入行为引发。

再次，介入事实独立于前行为。这种情形是指介入事实不是前行为所引起的，具备完全的独立性，如自然力等。如介入事实是新的行为，行为人在完全的意思自治基础之上作出，行为人明知其行为会导致危害结果发生，仍然一意孤行。实际上，介入事实与最终结果之间产生了新的法律关系，行为成为危害结果发生的独立原因，进而中断原来的因果关系。在"莫兆军案"中，很显然，被告的自杀行为是死亡后果发生的独立原因。相反，法官的民事判决不必然导致当事人自杀的后果，这种因果关系显然不能成立。由此可见，当事人自杀行为成为一个独立于民事裁判行为的完整行为，并独立地引发了死亡后果。那么，可以认定已经中断了裁判行为与结果之间的因果关系。

最后，危害结果的发生不依赖于前行为，完全是介入因素独立引发的。要强调这种独立性，即该介入因素独立地引发了危害结果发生。如果前行为和危害结果之间仍然"藕断丝连"，和介入因素共同造成了危害结果的发生，则显然不能中断此种因果关系。这一点，我们可以来看大连市中山区人民法院的"刘某甲玩忽职守案"。由于刘某甲未能及时收监犯人，导致犯人具备再次作案的机会。表面上是犯人的独立犯罪行为引发了多次再犯的后果，但犯人的再次犯罪行为，从常识常理上看，显然不能"独立、完整"地引发这种后果，还需要法官没有及时收监这个"契机"，法官未及时收监行为这一前行为，并没有被介入因素完全取代而中断与危害结果的因果关系。

我还想谈一谈因果关系成立之后的理性审视。第一点，如前文所述，我们是从犯罪结果出发找原因，本来就是一个依据证据，对因果关系进行反推、再查找的过程，这就像反推出一个科学假说，之后还需要接受常识、常理、常情的检验。如果这种因果关系一看就是违背常识的，说明反推未必成立，如"莫兆军案"，因果关系很容易用常识进行检验，如果民事法官按照法定程序和证据规则作出判决，一旦当事人自杀就追究民事法官刑事责任，那就无法办案了，只能调解了事，谁也不敢冒险作出判决，这样的因果关系判断显然违反社会常识、常理、常情。第二点，因果关系成立之后，我们还要评估因果关系紧密度的强弱。有的案件，因果关系虽然成立，但可能是多因一果，行为人的行为可能仅仅是其中一个引发条件而已。随之而来的，是能否适用《刑法》第13条但书的问题，或者能否定罪但从轻量刑甚至免予刑事处罚的问题。两位教授文章中提到的一些案件，作了定罪免罚处理。我觉得也是有这种思考在其中的。第三点，"疑点利益归于被告"原则又称为"存疑时有利于被告"原则，是指在刑事诉讼中遇到事实无法查清或查清事实所需成本过高的情况，依有利于被告的原则判决，该原则是刑法通过限制国家刑罚权从而保障行为人自由的机能的体现。如果案件证据不能证明因果关系存在，或者因果关系存疑，则显然要作有利于被告人的考虑，认定该因果关系不成立。如果仅能证明行为与结果之间微弱的联系，则回归第二点检验，看是否有必要启动刑事追责，或者虽追责但从轻处置。例如，寻衅滋事、聚众斗殴案件中，当行为是否实施无法查明和确认时就可以适用"存疑时有利于被告"原则。

主持人：柏浪涛

黄主任刚才提到很多点，其中有一点是预见可能性，我的思考是因果关系的判断和归责的划分，要考虑可责备的行为主体，因为我国《刑法》第 14 条明确规定了，需要明知行为发生造成危害结果。后续我们可以进一步交流。

接下来请盈科北京刑事实务研究中心艾静主任进行点评。

评议人：艾　静

首先，本环节两位教授的演讲主题——滥用职权罪中的因果关系问题，我认为是一个非常重要且值得研究的问题。滥用职权罪本身就是一个常见罪名，而刑法中的因果关系又是一个一直富有争议的难点，特别是在滥用职权罪的案件中，我们发现，绝大多数案件中"重大损失"的结果，都是由多种因素竞合而致，行为人的滥权行为并非损失结果的直接和唯一原因。这就使实践中的许多案件处理起来有诸多困惑。因此，从因果关系角度探讨滥用职权罪的入罪出罪，非常具有价值。我也希望今天的研讨能够把对这一问题的讨论推向更高的热度，让更多的学者，特别是司法机关关注到，从而推动实践中五花八门的司法差异趋于统一。

对于周啸天教授所持介入他人自杀或者另行犯罪可以导致因

果关系中断的观点，我非常认同，这也是刑法理论界的通说。举一个案例，目前我代理的一起黑龙江某地的滥用职权案，正在审查起诉当中。

被告人裴某系房管局一名干部，在 2004 年 12 月，被告人审核把关不严，在刘某提交材料造假的情况下为其办理了一本房产证，而该房产实际上属于铁路部门。刘某与铁路部门系长期租赁关系。期间，刘某曾告知铁路部门该房产已经过户到自己名下。房产证办理后，刘某仍然支付了 5 年的租金。拿到房产证 9 年以后即 2013 年，刘某擅自使用该房产证以提供反担保的形式欺骗某担保公司，最终给担保公司造成 140 万元的损失。2018 年刘某因涉黑被立案侦查，后关于其欺骗担保公司 140 万元一案被认定为诈骗罪。由此牵扯出对裴某滥用职权罪追究的案件。

实际上这个案件对于王钢老师关于诉讼时效或者时间因素阻却因果关系的观点也是很有价值的一个案例。裴某在 2004 年违规批办了刘某这本房产证，房产证办下来的时候就是铁路部门失去房产的时候，应当被认定为已经造成国有资产的损失，其滥用职权罪已经既遂。但是由于权利单位铁路局并不知情，乃至后来刘某告知铁路局，其把房产证办到自己名下，铁路局开始以诉讼方式主张权利的时候，都没有去追究裴某的滥权责任。不幸的是，铁路部门在诉讼中因改制等原因导致丧失了原告资格，也就没有再行使其他的救济手段。这么多年过去了，该地区监察委于 2020 年 6 月 12 日对裴某行为进行监察立案，调查后移送至检察院审查起诉。时间跨度已经达到 15 年 6 个月。我们主张已经超过追诉时效，不应追诉。

但是监察委和检察院则认为，本案损失结果的发生是在 2013 年刘某使用该房产证骗取担保公司 140 万元的时候，因此，2020 年 6 月监察立案并未超出追诉时效。当然，这里首先是一个损失结果到底是什么的认定问题。这个问题实际上并不难，铁路局房产被违规办理到刘某名下，铁路局失去对房产的权利，这一结果应当认定为国有资产发生了损失，且与裴某滥用职权行为之间的因果关系十分明显且直接。但是，为了回避追诉时效问题，实现对裴某的追诉，办案机关混淆视听，把因刘某诈骗给担保公司造成的损失认定为滥用职权行为的损失，并且这个损失在监察调查阶段还让裴某进行赔偿。即便单纯从因果关系角度来看，因介入了刘某另行犯诈骗罪这样的介入因素，该财产损失结果与裴某早先的滥用职权批办房产证的行为之间因果关系被阻断，这也印证了周啸天教授的观点。

王钢老师所主张的时间因素对因果关系之阻断的观点，与贝卡里亚提出刑事追诉时效制度的内在机理实际上是殊途同归的。但在认同此观点的同时，我也有一些疑问，在实行行为与危害结果之间，时间间隔较长的情形下，到底是该实行行为本身的可罚性降低导致难以发生损害结果，从而排除刑事归责，还是因时间因素而导致阻却刑事归责呢？另外，在介入因素比如自杀、犯罪等情形之外，其他行为有无可能作为阻断因果关系的因素呢？比如这样的情形：

> 甲乙两方多人约架，其中甲方的人在去往现场过程中发生内讧而散去。乙方等候多时未等到甲方，也散去。离开过程

中，乙方有三人在现场附近发现甲方中的二人，于是开始追逐。甲方二人跑到河边后，其中的一人跳入河中游向对岸，另一人见状也跳入河中，结果该人不会游泳，溺水身亡。

对于乙方三人如何定性？这一案件是我在法院工作期间接触的真实案例。甲乙双方都是未成年人，双方为聚众斗殴而相邀，中止后又有一方追逐另一方的寻衅滋事行为，但无论是聚众斗殴致人死亡还是寻衅滋事致人死亡，都属于想象竞合，应择一重罪按照故意杀人罪定罪量刑。本案中，追逐行为和主动跳河的自救行为二者相较，在"相当性因果关系"理论下，其对致人死亡的作用也难分伯仲。法官又该如何裁判？最终，承办法官是按照寻衅滋事罪处理的，致人死亡的结果是从因果关系上进行的论证，认为其并非追逐行为直接导致，而是介入了主动跳河的自救因素，因此，不作为寻衅滋事行为的后果予以评价。因被告人未成年且被害人家属赔偿谅解等综合考量，对三位被告人适用了缓刑。不敢说这样一个判决结论在刑法理论层面一定讲得通，但我认为在案件事实比小说还要充满想象力的时候，法官的良知也将发挥重要的作用。所以，在理论研究的同时，法官的经验、阅历、良知，对于法学理论的实践和运用，同样重要。

主持人：柏浪涛

非常感谢艾主任的精彩点评。由于时间关系，我们这个环节只能到此结束。再次感谢各位聆听！

第二场报告

主持人：王　充（吉林大学法学院教授、《当代法学》副主编）

魏　建［山东大学法学院教授、《山东大学学报（哲学
社会科学版）》主编］

陈庆安（上海社会科学院法学研究所研究员、《政治与
法律》副主编）

罗开卷（上海市高级人民法院刑事审判庭副庭长）

付立庆（中国人民大学法学院教授）

欧阳本祺（东南大学法学院教授）

高艳东（浙江大学光华法学院副教授）

报告人：李世阳（浙江大学光华法学院副教授）

蒋太珂（华东政法大学科学研究院副研究员）

评议人：谭　堃（西北政法大学刑事法学院副教授）

王　涛（上海市人民检察院检察一部副主任）

俞小海（上海市高级人民法院研究室科长）

肖兴利（盈科长沙刑事合规部主任）

一、报告

主持人：魏　建

第二场报告现在开始。我是来自山东大学的魏建。我旁边的

是吉林大学的王充老师。我负责形式上的主持，王老师负责内容上的主持。首先请来自浙江大学的李世阳副教授报告他的论文，论文题目是《渎职罪中严重不负责任与重大损害后果的因果关系判断》。

报告人：李世阳

渎职罪中严重不负责任与重大损害后果的因果关系判断

　　我报告的题目是《渎职罪中严重不负责任与重大损害后果的因果关系判断》。从罪刑法定原则出发，刑法分则条文所规定的构成要件应当清晰明确。然而，综观我国《刑法》条文就可以发现，至少在以下五点上存在违背明确性要求之嫌：第一，在条文中存在大量的描述程度的词汇，如"严重""较大""巨大"。第二，存在诸多的兜底性条款，如我国现行《刑法》中，使用了392次"其他"的这一表述。其中，非法经营罪、以危险方法危害公共安全罪、寻衅滋事罪等罪名已经基本上成为口袋罪的标签。第三，多处使用了道义性谴责或情绪性宣泄等语义不清的评价用语，如寻衅滋事、起哄闹事、恶劣、严重不负责任、贪生怕死等。第四，在大量的法定犯中，基本行为的认定完全取决于刑法之外的其他相应的行政法规，如"违反……规定"这样的表述在刑法条文中出现了90次。第五，在过失犯中，其构成要件呈现出开放状态，具体的实行行为并未出现在条文中，而需要法官在裁判过程中进行填充，如在过失致人死亡罪中导致死亡结果发生的过失实行行为的确定就成为难题。

　　在解释论上如何本着罪刑法定的基本理念将这些不够清晰的规定进一步明确化、可操作化，从而为理论与实务架起沟通桥梁，成为当下中国刑法学者的重要任务。在责任事故型犯罪和渎职罪的构成要件设置上，可以说集以上五个问题于一身；反过来，对这两种类型的犯罪的解释就成为检验刑法明确性原则的"试金石"。其中，在这两类犯罪中，多次出现了"因严重不负责任，致使（导致）……严重后果（重大损失）"这样的表述。在司法实践中，单纯依据这种模糊规定显然无法定罪处罚，于是出台司法解释就成为必然。但司法解释几乎把关注点都放在重大损失或严重后果的划定上。这虽然有助于标准的统一，但如果忽视造成该严重后果的原因限定，则容易陷入结果责任的泥潭之中。怀着这一问题意识，我尝试构建"严重不负责任"这一规定的解释论规则，并结合司法实践中的案例探讨严重不负责任与通常作为构成要件结果的重大损害后果之间的因果关系。

　　PPT上展示的是我论文的基本结构，主要是关于"严重不负责任"的性质到底是什么，是一种行为还是一种主观的心理状态，因为这个关乎玩忽职守型渎职罪的公因式。对严重不负责任的解释取决于对责任的理解。责任有三重含义：负担、地位、状态。从三重含义出发，报告当中我的核心观点是，"严重不负责任"同时具备客观上的严重不法程度和主观上的可受严厉谴责的可能性。由于玩忽职守型的渎职犯罪并不是故意犯罪，因此，将其定义为重过失犯。接下来，我们可以详细探讨一下这个论证过程。

　　首先，"严重不负责任"的性质到底是行为还是心态？

第一，我们先从罪名分布与共性问题入手。在我国现行刑法中，犯罪的构成要件出现"严重不负责任"这一表述的罪名有13个，分别是签订、履行合同失职被骗罪，国有公司、企业、事业单位人员失职罪，出具证明文件重大失实罪，故意延误投递邮件罪，医疗事故罪，执行判决、裁定失职罪，失职致使在押人员脱逃罪，国家机关工作人员签订、履行合同失职被骗罪，环境监管失职罪，传染病防治失职罪，商检失职罪，动植物检疫失职罪，失职造成珍贵文物损毁、流失罪。此外，在玩忽职守罪中，虽然在构成要件上没有直接使用"严重不负责任"这一表述，然而，在诸多关于玩忽职守罪的判决书中却使用了这一用语，本文在此一并讨论。在这13个犯罪的构成要件的表述上，有些构成要件对行为样态的描述仅仅简单使用"严重不负责任"这一用语，如环境监管失职罪、传染病防治失职罪等。与此相对，有些构成要件在对行为样态的描述中除了"严重不负责任"这一表述之外，还附加了其他更具体的说明，如动植物检疫失职罪的构成要件为：动植物检疫机关的检疫人员严重不负责任，对应当检疫的检疫物不检疫，或者延误检疫出证、错误出证，致使国家利益遭受重大损失。

那么，就产生以下两个问题：1. "严重不负责任"与后续的行为样态是怎样的关系。2. 这13个犯罪基本上被认定为过失犯，但故意延误投递邮件罪显然是故意犯，由此导致的问题是，"严重不负责任"所对应的主观心态是故意还是过失？作为这两个问题的前提问题是，"严重不负责任"是一种客观行为抑或是一种主观心态？

第二，我们可以结合既有观点进行一次批判性的考察。

1. 客观要件说。以医疗事故罪的罪状为例，有观点认为其中的"严重不负责任"属于客观要件的范畴，即诊疗护理工作中违反规章制度或诊疗护理常规的行为。但该观点可能存在以下两点疑问：一是这种解释无法体现出"严重不负责任"本身所表达的对行为人的强烈谴责；二是违反规章制度一般是在故意的心理状态下实施。这样的话，责任事故类型的犯罪与玩忽职守型的渎职犯罪就有可能变成故意犯，或至少是一种以违反相应规章制度为基本犯的结果加重犯。这显然与多数说所主张的过失犯观点相违背。

2. 主观要件说。该观点认为，"严重不负责任"与"违反规章制度"是并列关系，而非统一或包容关系，否则，将形成同义反复。违反规章制度是对行为客观样态的描述，而严重不负责任则是对行为人主观心态的描述。这一观点为将事故型犯罪和玩忽职守型渎职罪统一解释为过失犯提供了理论基础，也能清晰体现出"严重不负责任"所传达的非难意味。但该观点也带来了以下问题：一是如果将"严重不负责任"视为一种过失，那么，应如何理解这种过失的内涵；二是应如何区分"严重不负责任"的过失与间接故意。

3. 主客观要件统一说。我国有学者认为，在通常的理念中，"严重不负责任的态度"或"严重不负责任的行为"两种说法都能被人接受，因为"严重不负责任"能够同时肩负着表明行为人当时应受谴责的心理状态和行为人极端不负责任的行为的双重使命，因此，"严重不负责任"不仅是客观要件，而且也是过失心理的主观要件。该观点显然是为了克服上述将"严重不负责任"单方归入客观要件或主观要件的弊端，但在四要件犯罪论体系下，客观要件与主观要件呈现出耦合的平面结构。因此，该观点如果未能清晰分离严重不负责任的客观行为内容与主观心理内容，并阐明这两者之间的关系，很可能同时具备以上两个学说的弊端。

4. 模糊罪过说。有观点认为，对于法定犯而言，不应纠缠于行为人对结果的态度，而应认为对结果具有模糊罪过即可。如果行为通常是故意实施，或者说没有必要处罚过失行为的情形，则可以认为罪过形式为结果型模糊罪过。据此，对于责任事故类型犯罪和玩忽职守型职务犯罪而言，行为人主观上是故意还是过失在所不问，对于造成的重大损害后果，只要不是出于不可抗力或意外事件，均成立相应的犯罪。然而，这种观点对于"严重不负责任"的解释而言，无疑会陷入以问答问的循环论证之中。此外，这种观点与在归责上不要求具备故意或过失的结果责任立场并无本质区别，有违反责任原则之嫌。

我的观点是，玩忽职守型渎职罪是一种不作为的重过失犯。其次，我们来谈谈"严重不负责任"的判断顺序。"严重不负责任"的解释，取决于对"责任"一词的理解，"严重"只是对"不负责任"程度的形容。关于责任在刑法学中的含义，陈瑾昆认为存在以下三重意义："（1）为法律上之负担，此为责任之客观意义。责任于此意义，又与义务及制裁同义。（2）谓法律上之地位，此为责任之主观意义。即凡应刑法上刑罚之制裁者，必为居于刑法上一定地位之人，故学说上又称此地位曰责任。（3）谓法律上之状态，刑法所称之责任，乃为此义。学说上所谓犯罪之主观要件，亦以指此。盖负刑事责任之人，申言之，即于刑法上居于一定地位而应为一定负担，必有一定心理状态与精神状态，所谓责任，即指主观具备法定心理状态及精神状态之全体而言。"

由此可见，责任一词本来就是多义的，有可能同时具备以上三层含义，也有可能在特定的语境中仅指其中一种含义。"不负责任"这一表述同时包含了以上三层含义。具体而言：第一，"不负责任"的前提在于行为人本来负有相应的责任，也即行为人本来负有某种法律上的义务，这一层面上的不负责任意味着不履行国家机关工作人员本来应履行的特定职责。第二，义务的承担意味着命令规范的发动，即行为人在特定的时空条件下只能实施某种被法所期待的行为。从最大限度地保障自由的要求出发，义务的承担背后必然存在某种提供支撑的根据，而国家机关工作人员这重身份刚好提供形式上的根据。但是，如果进一步实质考察的话，之所以可以命令国家机关工作人员履行其职责，首先来源于特定行为人在意志自由的状态下对国家机关工作人员这重身份的选择与接受。这种接受意味着其理解国家机关工作人员所负有的职责并具备履行的能力。与此同时，一般公民也可信赖国家机关工作人员将履行特定的职责。第三，"不负责任"这一表述在日常用语中即带有谴责对方的含义，而只有在某行为人具备刑事责任能力的前提下，在理解自己行为含义和性质及可能造成的结果的基础上，在意志自由的状态下仍然选择实施该违法行为的情形中，才能在刑法意义上谴责该行为人，将刑事制裁课加到该行为人身上。在这一意义上，"不负责任"也是对国家机关工作人员渎职的谴责。

在以上三重语境下，"严重不负责任"显然同时具备客观不法和主观责任的含义。换言之，国家机关工作人员因没有实施与其法定义务范围相符合的行为，该行为样态达到了值得发动刑事制裁对行为人进行谴责的程度。据此，"严重不负责任"的判断应按照以下三个步骤依次进行：1. 主体的选定，也就是说具体应当由谁来履行相应的责任，虽然相应的构成要件明确规定了诸如国家机关工作人员或司法机关工作人员，但这依然是一个很模糊的主体概念，刑事责任归根结底是要落实在有血有肉的某个行为人身上。2. 寻找基准行为，通俗来说就是"负责任"的行为应该是什么样的。3. 考察行为人的行为与基准行为的偏离程度。

由此，不难得出结论，玩忽职守型渎职罪的罪质是不作为的重过失犯。如前所述，在玩忽职守型的职务犯罪中，可以提取出"严重不负责任"这一公因式，"严重不负责任"同时具备客观上的严重不法程度与主观上的可受严厉谴责的可能性，但由于玩忽职守型的职务犯罪并不是故意犯罪，因此，应将其定位为重过失犯。与此同时，从责任的义务本位出发，"严重不负责任"意味着特定的国家机关工作人员负有法定的作为义务，玩忽职守型的渎职罪也是一种不作为犯。据此，可以将玩忽职守型渎职罪定位为不作为的重过失犯。其中，不作为的认定承担着选定主体的功能，而过失的认定则承担着确定刑事责任的有无及大小的功能。

然而，这一定位马上会面对以下解释学上的问题：一是既然是一种不作为犯，就必须存在对作为义务的违反，对于国家机工作人员而言，应如何限定其作为义务的内容。二是在过失犯中，为什么诸如过失致人死亡罪这种针对全体国民的犯罪仅要求具备一般的过失，而玩忽职守型的渎职罪这种针对国家机关工作人员的犯罪却要求达到重过失的程度，或者说如何认定重过失。三是与前两个问题相关联，不作为犯和过失犯均被认为是一种义务犯，即不作为犯本质上是对作为义务的违反，而过失犯则是对注意义务的违反。那么，在玩忽职守型渎职罪中，作为义务和注意义务呈现出怎样的关系？

第一，犯罪主体判断。对于玩忽职守的行为人渎职罪而言，带有行使合法的职权而产生的犯罪，它的作为义务来源主要是对受损法益的保护和对危险源的管控。法益保护过程中的危险源管控是一种过于抽象的表述，如果笼统地以法益保护或者说危险源管控为由，便承认国家机关工作人员的保护人地位，必然会不断扩张处罚范围，因此需要将法益或者危险源管控的内容具体化。

具体来说，这个主体应按照以下的顺序确定，1. 法益主体或者危险源的制造者，本身应当是法益保护或者管控危险源的第一顺位人。2. 只有当第一顺位人不具有法益保护或者说管控危险源的能力，保护法益、管控危险源的义务才有可能转移到包括国家机关工作人员在内的第二顺位人。3. 在选定玩忽职守型渎职罪主体的时候，应重点考虑他是否处于保证人地位。我觉得这是一个判断的关键。然后在保证人地位的判断上，我把它分为三个方面：一是国家机关工作人员的权限是否波及对受损法益的保护，或者说对危险源的管控；二是在诸多具有该权限的国家机关工作人员内部的组织结构，到底是怎么样的，相互之间的内部地位，这是对国家机关工作人员职责的细化；三是立足于当时的具体情况，从事后的视角，科学地判断谁最有可能以最高的效率去采取法益保护措施。尤其是在法益已经受损的情形当中，往往表现出某种紧急的事态，需要负有法律保护义务的国家机关工作人员当机立断，高效职守。当发生某个重大责任事故的时候，在责任主体的确定上应当按照以下顺序来进行，第一主体是事故的直接制造者或者危险源的直接管控者，第二主体是根据事故的大小规模来确定承担责任的国家机关工作人员，第三主体是进一步确定需要承担责任的上级国家机关工作人员。在从第一主体向第二主体扩张的时候，需要存在法益保护已经超越了第一主体的能力范围的情况，或者第一主体在法益保护和危险源管控上已经出现了不值得信赖的事实，并且第二主体已经认识到这一事实，并根据其职责负有法益保护或者危险源管控的义务。第二主体的确定，受制于效力原则，从第二主体向第三主体扩张的时候，应当受到信赖原则的制约。接下来我们结合"崔某环境监管失职案"加以说明。

  盐城市环保局饮用水源保护区环境监察支队负责盐城市区饮用水源保护区的环境保护、污染防治工作，江苏省盐城市标新化工有限公司（以下简称"标新公司"）位于盐城市饮用水源二级保护区范围内，属该支队二大队管辖。崔某作为二大队大队长，对标新公司环境保护监察工作负有直接领导责任。崔某不认真履行环境保护监管职责，多次收受标新公司法定代表人胡某小额财物，在日常检查中多次发现标新公司有冷却水和废水外排行为，但未按规定要求标新公司提供母液台账、合同、发票等材料，只是填写现场监察记录，也未向盐城市饮用水源保护区环境监察支队汇报标新公司违法排污的情况。而后，盐城市饮用水源保护区环境监察支队对保护区内重点化工企业进行专项整治活动，并对标新公司发出整改通知，但崔某未组织二大队监察人员对标新公司进行跟踪检查，监督标新公司整改。崔某对标新公司进行检查时，只在该公司办公室填写了 1 份现场监察记录，未对排污情况进行现场检查，没能及时发现和阻止标新公司向厂区外河流排放大量废液，以致发生盐城市饮用水源严重污染。阜宁县人民法院做出一审判决，认为被告人崔某作为负有环境保护监督管理职责的国家机关工作人员，在履行环境监管职责过程中，严重不负责任，导致发生重大环境污染事故，致使公私财产遭受重大损失，其行为构成环境监管失职罪。

在这个案例中，重大环境污染事故显然是由标新公司向厂区外河流排放大量的废液所造成的。作为责任的第一归属主体，标新公司的相关负责人显然要对环境污染的后果承担污染环境罪的刑事责任。该犯罪是一种故意犯罪，行为人明确地认识到自己行为的法益侵害性质，对其构成要件结果负责，该责任的承担原则上不波及其他人。在这种情形当中，从因果共犯论的立场出发，存在例外地将崔某作为帮助犯处理的余地。只是对国家机关工作人员而言，这种可能成立的不作为帮助犯的情形，刑法单独设置了渎职罪。于是，在渎职罪的认定上，当在具体案件中表现出不阻止他人犯罪的时候，遵循不作为共犯认定的基本原理，本案中标新公司的相关负责人必须对环境污染的后果承担污染环境罪的刑事责任。但是法律上专门设置了以生态环境部为最高机关的垂直管理制度，环保部门负有阻止该因果流程的法定义务。当环保部门的相关执法人员不履行该法定监管与阻止义务的时候，无疑"扫清"了化工厂排放污水污染环境的障碍，因此他是以不作为的角色参与到环境污染事件当中。而在不作为主体的选定上，首先是对标新公司的污水排放情况负有直接监管责任的执法人员崔某，而作为崔某上级领导的环境监察支队队长应排除在归责主体之外，崔某不履行监管职责并且瞒报的时候，阻断支队队长获取真实信息的渠道。

第二，过失的判断。在选定归属主体之后，该主体不一定对最终的结果负责，还要判断是否存在重过失，这一问题跟过失犯本身的构造紧密关联。新过失论的"预见可能性＋结果回避可能性"的基本构造为重过失犯的认定提供了解释资源，我们可以把它定义成一个高度的预见可能性，加上容易而且有用的结果回避可能性，以此定义重过失。行为人能够预见到行为后果的发生，只要采取轻度的结果回避措施，就完全可能避免重大后果的产生，行为人连这种轻度的结果回避措施都没有采取，最终导致重大损害后果的发生。若详细展开要求重过失的理由，我们可以发现，从"严重不负责任"这一文言出发，玩忽职守型渎职罪应是一种重过失犯。立足于新过失论，过失犯的构造可以简单归结为"预见可能性＋结果回避义务"，因此，重过失的内涵也可以相应地获得确定，即行为人很容易能够预见严重后果的发生，从其地位与能力出发，只要稍微尽到注意义务即采取轻度的结果回避措施，就完全可能避免重大后果的产生，行为人却连这种轻度的结果回避措施都未采取，最终导致重大损害后果的发生。

之所以将玩忽职守型渎职罪定位于重过失犯，一是避免"寒蝉效应"的产生，即尽量降低国家机关工作人员的职业风险，保障其行政裁量权，这有利于杜绝懒政现象。二是如前所述，可能构成玩忽职守型渎职罪的国家机关工作人员主要是因为负有保护法益或管控危险源的作为义务，尤其是对危险源的管控义务，这样的话很容易从其身份出发，同时肯定其高度的预见可能性。当重大损害后果产生时，如果仅要求轻过失，那几乎无一例外可以肯定玩忽职守型渎职罪的成立，从而陷入结果责任的窠臼。三是对于轻度过失的玩忽职守型渎职行为，已经存在大量的行政法规对其规制，从刑法的辅助性及谦抑品格出发，只有重度过失的玩忽职守型渎职行为才应纳入刑法的规制范围。

第三，高度预见可能性的判断。刑法上关于是否存在预见可能性的判断，归根结底是以具体个人的主观因素为对象，但应通过该行为人的具体身份、地位、知识、能力等客观因素来推定。也就是说，应从平行的社会一般人的立场出发，以上述客观因素为素材判断以下这一点：如果尽到忠实于法的公民所应尽到的注意义务是否可能预见到结果的发生。然而，如前所述，对于诸如负有法定的环境监管、食品卫生安全监管、疫情防控与监管、保障公民人身与财产安全等职责的国家机关工作人员而言，身处危险源管控或法益保护的保证人地位，被赋予相应的监管与保护的权限，具备安全监管的专业知识，可以说其职责就是时刻保持警惕以防重大事故的产生。这样的话，从特定的国家机关工作人员的身份与地位出发，似乎已经可以推定其对于可能发生结果这一点具有高度的预见可能性。但从责任主义出发，预见可能性的存在毕竟是发动结果回避义务的前提，因此，当导向结果发生的因果关系过于异常，不能仅以抽象的"可能存有安全隐患，可能有重大事故发生"这种心理上的忧虑为由令行为人采取结果回避措施，因为在当时的情况下，行为人所获取的关于安全隐患的信息尚不足以为其大致采取何种结果回避措施指明方向。可以列举出以下情形：

1. 在因台风、火山、地震、沙尘暴、洪水、野火、山体滑坡等自然灾害导致的重大死伤事件中，对负有相关监管职责的国家机关工作人员进行追责的情形主要分为灾害发生之后没有及时阻止损害的扩大，以及灾害发生前没有采取相应的灾害预防措施或制定相应的预案机制。对于前一种情形而言，由于灾害已经发生，公民的生命与财产安全正面临急迫危险，因此，不可能存在不具有预见可能性的情形。与此相对，在后一种情形中，应结合灾害发生的频率、规模、当地的自然环境、事前的防灾措施所能应对的灾害规模等因素判断相关责任人员是否具备预见可能性。具体而言，当灾害发生的本来频率低，从之前发生的灾害来看规模并不大，相关国家机关工作人员只制定了应对一般灾害的防灾措施，但突然发生百年一遇的重大自然灾害时，一般应否定相关国家机关工作人员的预见可能性。

2. 在导向构成要件结果的因果流程当中，介入了被害人的故意或者重大过错因素，或者在国家机关工作人员内部存在一个过失竞合，通过信赖原则的适用，有可能否定国家机关工作人员的预见可能性。下面看一则案例：

> 2009年12月22日，被告人李某任乌兰察布市集宁区人民法院副院长，分管刑事审判工作。2011年12月20日，原集宁区人民法院刑事审判庭庭长云小霞（已另案处理）在审理郝卫东过失致人死亡一案时，其制作的（2012）集刑初字第6号刑事判决书中将郝卫东的职业"乌兰察布电业局职工"错误填写成为"无业"，对郝卫东宣判后，未将已发生法律效力的（2012）集刑初字第6号刑事判决书依法送达给郝卫东所在单位乌兰察布电业局。被告人李某对郝卫东过失致人死亡一案《刑事判决书》未认真审核，致郝卫东从2012年至2019年在乌兰察布电业局领取工资薪酬、奖金、福利（企业年金）、企业代缴五险一金共计1374960.01元。法院认为，被告人李某作为人民法院分管刑事审判工作的院长，在履行签发法律文书职责时，未认真审核把关，致使乌兰察布电业局遭受重大损失，其行为已构成玩忽职守罪。

本案当事人是法院的副院长，因为该法院审理案件的法官在写判决书的时候写错了被告人的职业，导致裁判文书没有办法及时送达，被告人原来的工作单位继续向其支付薪酬等。本案判决认定李某构成玩忽职守罪涉及以下四个要素：一是李某未认真审核郝卫东过失致人死亡案的判决书；二是判决书上关于郝卫东职业的填写措施未被发现；三是未能将判决书送达郝卫东的工作单位；四是电力局继续向郝卫东支付酬金137万元。本案当中，判决书上对被告人郝卫东职业的错误填写，是否具有导致财产重大损失的客观危险性值得怀疑，进而在因果链条中忽视了两个非常重要的介入因素。第一个介入因素是存在职业填写错误的判决书，该判决书是主审法官填写的。第二个介入因素是电力局在其员工郝卫东被认定为犯罪的前提之下，竟然没有将其解聘，可以认为存在重大过错。第一个介入因素涉及国家机关工作人员过失竞合的责任分配，第二个介入因素涉及被害人的重大过错。这两个介入因素表面上看好像没有什么关联，但是这两个因素都将影响行为人预见可能性的有无及其程度。对于第一个介入因素而言，过失竞合根据行为人之间的关系可以分为垂直型过失竞合和并列型过失竞合。其中，对于垂直型过失竞合而言，在考察处于上位的监督指导地位的行为人是否对处于下位的行为人过失行为负责的时候，应考虑是否存在信赖原则的适用空间。

综上，刑法上关于预见可能性的判断归根结底是对从实行行为产生构成要件结果的因果流程的认识有无及其程度的判断。作为判断的起点，应具备对于既存的及可能存在的被法所不允许的危险的认识。对于玩忽职守型的渎职罪而言，尤其体现在对危险源存在异常情况的认识，如危险显著升高。以此为起点，当在因果关系流程中介入了第三人或被害人的异常因素时，通过信赖原则的适用，有可能排除预见可能性。也就是说，处于上位者的国家机关工作人员一般可以信赖下位者将妥当地履行自己的职责，除非产生了足以动摇这种信赖的事情，并且被上位者认识到，如直接行为人的结果回避能力不足或者处于容易犯错的紧急状态中，或者曾犯过类似的错误而引发事故等。

第四结果回避的容易性与有用性的判断。如前所述，在肯定预见可能性的基础上，进而判断结果回避可能性，具体包括对于结果回避的容易程度以及结果回避措施的优越性的判断。其中容易性的判断是一种事前判断，而有用性的判断则是一种事后判断。在当时的情况下，结合行为人的能力与权限等因素，行为人本可以采取结果回避措施，但如果即使实施了在很大程度上能够抑制或降低危险的行为，也仍可以合理怀疑结果会发生，那么行为人就仅仅在过失实行行为的限度内承担责任，而不对最终的结果负责。下面结合一则案例加以说明。

被告人钟某系绵阳市游仙区玉河镇政府工作人员，经该镇党委会会议决定于 2014 年 7 月起代管该镇司法所工作。被告人钟某接手该工作后，被告知司法所需负责辖区内的社区矫正工作，对社区矫正人员要进行监督管理和教育帮助。2014 年 8 月，被告人钟某依照档案资料联系社区矫正人员，发现处于假释期间的社区矫正人员张某的常用电话号码联系不上，钟某便没有再拨打张某的手机定位电话，没有按规定对张某家进行调查走访，也没有将该情况及时汇报区司法局，而是放任张某于假释期间脱离监管的状况持续。2014 年 10 月 4 日，张某因涉嫌抢劫罪、故意杀人罪被四川省绵阳市游仙区人民检察院批准逮捕后，被告人钟某才得知张某下落。在汇报司法局工作人员后，钟某补充了一份申请给予张某警告处分材料，并将申请的落款时间写为 2014 年 7 月18 日。

本案中，被告人钟某代管玉河镇司法所工作后，负责辖区内的社区矫正工作，对社区矫正人员负有监督管理和教育帮助的职责，然而，在钟某发现社区矫正人员张某的常用电话号码联系不上之后，既没有拨打张某的手机定位电话，也没有按规定对张某家进行调查走访，更没有将该情况及时汇报区司法局。张某的这种不积极履行职责的行为在司法实践中很容易被评价为"严重不负责任"。当有重大后果产生时，如本案中发生张某实施抢劫及杀人的后果，就很容易直接将该重大后果直接归属于行为人的"严重不负责任"的态度上。然而，根据我将玩忽职守型渎职罪定位为不作为重过失犯的基本立场，在本案中，钟某确实负有管控社区矫正人员的职责，在某种程度上也可以说是对危险源的管控，但必须承认这种危险源的危险程度尚在被法所允许的范围之内，否则，不可能对其适用社区矫正。在这个意义上，应一般性地否定钟某对于社区矫正人员实施重大人身或财产犯罪的预见可能性，除非钟某在管控过程中已经发现特定的社区矫正人员有实施重大犯罪的倾向。此外，应当说，即使钟某在其职责范围内对社区矫正人员实施相应的监管职责，如拨打定位电话、进行走访、向司法局汇报，是否能够有效地阻止社区矫正人员张某实施抢劫及杀人，仍然存在合理怀疑。这样的话，就应当否定结果回避措施的有效性。据此，在本案中，应将钟某的渎职行为认定为一般的职务违法行为，而不应将其认定为玩忽职守罪。我个人的基本看法是在这种案件里面，不一定要求行为人通过采取结果回避措施将危险性降到零。

我还想总结一下我得出的结论：一是"严重不负责任"同时具备客观不法和主观责任的含义。换言之，国家机关工作人员因没有实施与其法定义务相符合的行为，该行为样态达到了值得发动刑事制裁对行为人进行谴责的程度。二是玩忽职守型渎职罪的罪质是"不作为的重过失犯",其中,不作为犯的认定承担着选定主体的功能,而过失犯的认定则承担着确定刑事责任的有无及大小的功能。三是作为义务的确定受到自由主义的约束,在选定玩忽职守型渎职罪的主体时,应重点考察特定的国家机关工作人员从其职务出发在当时的情形下是否处于被强烈要求实施相应作为的地位或状况,即保证人地位。保证人地位的判断首先应考虑国家机关工作人员的权限是否波及对受损法益的保护或对危险源的管控,接着应考虑国家机关工作人员内部的组织结构,最后应立足于当时的具体情况,从事后的视角,科学地判断谁最可能以最高的效益采取法益保护措施。四是为赋予国家机关工作人员充分的行政自由裁量权,有效抵御其职业风险,防止"寒蝉效应",应将玩忽职守型渎职罪定位于重过失犯,新过失论的"预见可能性+结果回避义务"的基本构造为玩忽职守型渎职罪的解释提供理论根据。据此可以将重过失定义为"高度的预见可能性+容易有效的结果回避措施"。五是不能简单地以国家机关工作人员处于管控危险源或保护法益的保证人地位就轻易肯定高度的预见可能性,当发生异常重大的自然灾害时,应谨慎认定预见可能性。在导向构成要件结果的因果流程中介入了被害人的故意或重大过错因素,或者在国家机关工作人员内部存在过失竞合,通过信赖原则的适用,有可能否定国家机关工作人员的预见可能性。六是在当时的情况下,结合行为人的能力与权限等因素,行为人本可以采取结果回避措施,但如果即使实施了在很大程度上能够抑制或降低危险的行为,仍可以合理怀疑结果会发生,那么行为人就仅仅在过失实行行为的限度内承担责任,而不对最终的结果负责。

主持人：魏　建

谢谢李老师，报告的内容十分丰富且富有启发性。下面有请华东政法大学的蒋太珂老师来报告他的论文。

报告人：蒋太珂

滥用职权罪的结果归责的构造

在《刑法》第 397 条第 1 款中，立法者将渎职行为致"公共财产、国家和人民利益遭受重大损失"（以下简称"重大损失"）作为滥用职权罪、玩忽职守罪的成立要件。尽管对采取何种因果关系理论诠释该款规定尚未达成共识，但司法实践、学说倾向于滥用职权罪、玩忽职守罪分享共同的结果归责标准的立场。在司法实践中，对"魏永斌滥用职权案"和"李婷婷玩忽职守案"，司法裁判采取了必然因果关系的立场；对"杨中伟玩忽职守案"和"汪林滥用职权案"，相当因果关系被作为判断标准。此外，也有部分涉及滥用职权和玩忽职守罪的司法判决，在综合考虑介入因素异常性、介入因素对结果贡献程度的基础上，确定归责评价结论。正如最高人民检察院检例第 8 号所显示的那样，司法实践其实是在"渎职犯罪因果关系的认定"视角下，统一阐释适用于所有渎职犯罪的因果关系的一般内涵。在学界，学者并不刻意区分滥用职权罪和玩忽职守罪的因果关系问题，多在渎职罪视角下讨论适用于所有渎职类犯罪的结果归责标准。总之，尽管滥用职权罪和玩忽职守罪分属故意犯罪和过失犯罪，主流立场仍倾向于认为，两者的结果归责标准具有同一性（以下简称"同一说"）。

因对"重大损失"要件在渎职类犯罪中的体系地位及其功能的不同理解，不区别两罪结果归责标准的立场受到挑战。理论界和实务界对"重大损失"属于犯罪成立要件的定位，基本上没有疑问，只是对其理论定位仍然存在一些争议。传统见解将之视为构成要件要素，但也有反对意见指出，在滥用职权罪中，"重大损失"应属于客观处罚条件。当然，早期的反对意见只是指出作为客观处罚条件的"重大损失"不属于滥用职权罪的犯罪故意的认识对象，并未进一步将其意义拓展至结果归责领域。最近，则有学者明确指出，作为滥用职权罪客观处罚条件的"重大损失"同样对滥用职权罪的客观归责标准产生影响。也就是说，相较于玩忽职守罪采取限定处罚范围的通常结果归属标准，在滥用职权罪的结果归责问题上，只要滥用职权行为和"重大损失"之间具有条件关系即可肯定滥用职权罪，"不要求他人的死亡结果与滥用职权的行为之间具备通常的结果归属条件"（以下简称"区分说"）。

如果区分说的见解是正当的，至少对于滥用职权罪的因果关系的判断标准来说，最近出现的由必然因果关系说向偶然因果关系说转变的司法实践立场，应当获得赞同。至于通过相当因果关系或者分析介入因素的因果力等各种归责的方式，限定滥用职权罪因果关系的理论进路或者司法实践，因不契合滥用职权罪的构造，难以获得支持。但是，即使同一说的立场可行，也面临着究竟采取何种标准的问题。接下来我将指出，对于滥用职权罪的结果归责方式，很大程度上取决于"重大损失"在滥用职权罪中的体系定位。

（一）区分说立场的根据及其反思

将"重大损失"视为滥用职权罪的客观处罚条件，是区别滥用职权罪和玩忽职守罪结果归责标准的当然前提。但在理论逻辑上，将"重大损失"视为滥用职权罪的客观处罚条件的观点，在相当程度上从属于滥用职权罪的故意犯罪的属性定位。在坚持滥用职权罪是故意犯罪的前提下，为了合理解释"重大损失"作为犯罪成立要件的根据，并避免刑事可罚性漏洞，将"重大损失"视为滥用职权罪的客观处罚条件的立场应运而生。然而，我接下来将要指出的，是把"重大损失"视为客观处罚条件的理论构成模式不能成立。同样，对滥用职权罪的结果归责问题，以之为前提的区别说的见解也不能成立。

1. 区分说立场的根据

将"重大损失"视为滥用职权罪的客观处罚条件的观点，与滥用职权罪和玩忽职守罪的区分问题密切相关。传统观点强调前者是作为犯罪后者属于不作为犯罪。在现实司法实践中既存在故意的不作为的渎职也存在过失的作为式的渎职，两罪既可以由作为实施也可以通过不作为实施。在这种认识下，最近主流的立场倾向于认为"两者的界限在于主观方面，客观上是作为还是不作为对于区分两罪并不重要"。亦即两者的区别在于，滥用职权罪是故意犯罪而玩忽职守罪是过失犯罪。在滥用职权罪被归属为故意犯罪的前提之下，将"重大损失"视为滥用职权罪的客观处罚条件，具有如下实践意义：

第一，合理解释不处罚滥用职权罪的未遂的需要。"重大损失"是滥用职权罪、玩忽职守罪的成立要件的功能定位决定了，单纯滥用职权或者玩忽职守但并未导致"重大损失"的未遂行为不构成犯罪。如果将"重大损失"视为构成要件要素的立场，虽然能够说明玩忽职守罪的未遂不受处罚的理由，但将无法解释为何滥用职权罪的未遂不受处罚。因为我国刑法总则只针对故意犯罪规定了犯罪的未完成形态。通说认为刑法分则规定的是以单独犯的犯罪既遂为模式的基本的犯罪构成，而刑法总则规定的犯罪未完成形态、共犯形态属于修正的犯罪构成。在两者的关系上，基本的犯罪构成属于本来的处罚事由，而修正的犯罪构成属于扩张的处罚事由。作为扩张处罚事由的修正构成要件，属于不利于行为人的事由。受制于罪刑法定原则有利于行为人的精神诉求，刑法针对故意犯罪规定的犯罪未遂等扩张处罚事由，不能被类推适用于过失犯罪，亦即在"重大损失"属于渎职类犯罪的构成要件要素的前提下，虽然作为过失犯的玩忽职守罪的未遂形态不具有刑事可罚性，但作为故意犯罪的滥用职权罪的未遂形态应当具有刑事可罚性。显然，如果我们将"重大损失"视为滥用职权罪的构成要件要素，在"重大损失"未出现的犯罪未遂情形下，将面临着与"重大损失"被视为滥用职权罪成立要件的前提的冲突。

当然，在逻辑上，《刑法》第397条第1款的规定可被视为刑法总则处罚故意犯罪未遂规定的例外。可是"不以解释论为媒介的裸的刑事政策，不具有解释论上的说服力"，鉴于犯罪论体系是决定行为是否构成犯罪的唯一根据，即使将《刑法》第397 条第 1 款关于滥用职权罪的规定视为刑法总则处罚故意犯罪未遂规定的例外，亦须在犯罪论体系中说明其存在的根据。将"重大损失"视为滥用职权罪的客观处罚条件是一个可行的方式。一方面，由于作为客观处罚条件的"重大损失"不属于滥用职权罪的构成要件结果，未出现相应结果的滥用职权行为也就不会被评价为滥用职权罪的犯罪未遂行为，这就可以解释为何滥用职权罪的未遂不适用刑法总则关于犯罪未遂的规定理由；另一方面，在将"重大损失"视为客观处罚条件的情况下，"重大损失"是滥用职权罪成立要件的主张，可以在犯罪论体系内部获得体系论上的支持。

第二，合理划定滥用职权罪处罚范围的需要。我国刑事立法和学界通说均将危害结果视为主观归责的对象。如果将"重大损失"视为滥用职权罪的构成要件结果，则意味着行为主体必须对"重大损失"持放任或者希望的态度。在违规变更房屋权属登记、违规为停运车辆通过年审等涉及资格审查的案例中，由于相应资格与一定的经济利益存在互为表里的关系，行为主体只要具有滥用职权的行为故意，即可直接肯定其对"重大损失"结果具有故意。但在现实的司法实践中，滥用职权行为通常是通过各种介入因素引起的因果流程间接导致"重大损失"。在间接因果关系的情形下，由于对行为的故意和对结果的故意之间不存在互为表里的关系，我们很难期待行为人因为具有行为故意，从而肯定其对"重大损失"结果具有故意。但是，在现实司法实践中，对于前述间接因果流程引起的结果，只要行为主体对法益损害后果具有预见可能性，一般仍然按照滥用职权罪处罚这类行为。例如，根据《交通警察道路执勤执法工作规范》第73条的规定，除了针对一些特殊情形，交通警察原则上不得在"行车道上拦截车辆"。但在现实司法实践中，交通警察越权追赶交通违法行为由此导致了违章者的交通肇事的事件并不罕见。很显然，对于这些事例，一般交通警察对于交通肇事并不存在故意。如果严格按照前述的将"重大损失"视为构成要件要素的立场。这些滥用职权行为将无法被追究刑事责任。

为了避免将"重大损失"视为构成要件结果导致的刑事可罚漏洞，一些学者突破一个罪名一种罪过的传统理解方式，主张滥用职权罪的行为主体对"重大损失"既可以持故意的态度也可以持过失的态度。在行为主体对结果具有过失的情况下，仍然可以按照滥用职权罪予以处罚。然而，滥用职权罪的主观方面既可以是故意也可以是过失的这一立场，在一定程度上放低了责任主义的要求。这是因为根据罪责刑相适应原则的要求，针对同一犯罪对象的故意犯罪的刑事责任重于过失犯罪的刑事责任。《刑法》第397条第1款为滥用职权罪和玩忽职守罪设定了同样的犯罪成立要件和同样的法定刑，复合罪过说的见解显然无法正当化前述立法。在不承认复合罪过的情况下，如果将"重大损失"视为滥用职权罪的客观处罚条件则可以避免前述处罚漏洞的出现。因为客观处罚条件与不法无关，不属于犯罪故意认识的对象。正是基于这种考虑，一些学者将滥用职权罪的结果进一步区分为"国家机关公务的合法公正有效执法及国民对此的信赖"和"重大损失"，只有前一个结果才是滥用职权罪主观故意的对象。这样一来，只要行为主体认识到该结果，且滥用职权行为客观上导致"重大损失"，即可构成滥用职权罪。

2. 对区分说立场的反思

首先，在理论逻辑上，客观处罚条件与因果关系理论并无内在关联。在"重大损失"被视为客观处罚条件的理论设定下，构成滥用职权罪并不需要滥用职权行为和"重大损失"之间具有因果关系。因为不法和责任的评价对象分别对应因果行为论所描述的客观因果关系和主观因果关联，而客观处罚条件与不法和责任无关。这意味着至少在不法层面，客观处罚条件的成立，无须以与不法行为存在因果关系为前提。例如，亲属盗窃的亲属身份以及婚内强奸之中的婚姻关系不正常等客观处罚条件都存在于不法行为之前。因此，在理论逻辑层面，客观处罚条件只有存在与否的问题。与之相应，如果将"重大损失"视为滥用职权罪的客观处罚条件，只要客观上出现"重大损失"，行为人就可以构成滥用职权罪，而无须探讨滥用职权行为与重大损失之间是否具有刑法因果关系的问题。正因如此，一些学者明确指出，由于《刑法》第 397 条第 1 款要求滥用职权行为和"重大损失"之间必须具有因果关系，"重大损失"不应被视为客观处罚条件。

其次，在法政策层面，将"重大损失"视为滥用职权罪的客观处罚条件，不具有妥当性。其一，从"重大损失"功能上看，其属于能为滥用职权罪的违法性提供实质根据的违法性要素。立法者将"重大损失"作为限制滥用职权罪处罚范围的根据在于，滥用职权行为在多数情况下属于行政责任范畴，而只有极少数情节很严重或造成严重危害后果的情况下，才可以采取刑事制裁措施，未导致"重大损失"的滥用职权行为属于行政不法或者违反党纪的行为，给予必要的党纪、政纪处分即可。也就是说，发挥合理区分行政不法和刑事不法的功能的"重大损失"要件，不是与刑事不法评价无关的要素。其二，从禁止滥用职权行为的目的上看，避免"重大损失"处于滥用职权罪保护的法益范围之内。渎职类犯罪保护的直接法益是职务的公正性或者说国家正常的管理秩序。职务行为通常与一定的公共利益或者个人利益密切关联在一起。渎职犯罪的核心是"职务"，而职务行为是一种管理行为，正确履行职责是避免危害结果发生的重要屏障。渎职因为使职务行为丧失了这种秩序维护、防范风险的功能而被视为危害结果发生的"原因"。可见，禁止渎职行为表面上看是为了防止职务公正法益被侵害，但实质上是为了避免渎职行为造成公共法益或者个人法益的损害危险。正因为如此，在最高人民检察院检例第 8 号中，才强调"如果负有监管职责的国家机关工作人员没有认真履行其监管职责，从而未能有效防止危害结果发生，那么，这些对危害结果具有'原因力'的渎职行为，应认定与危害结果之间具有刑法意义上的因果关系"。也就是说，"重大损失"这一法益损害后果，本身就是禁止渎职行为所要防范的后果。反过来说，"公共财产、国家和人民利益"本身就是禁止渎职的刑法规范所拟保护的法益。其三，将"重大损失"视为客观处罚条件，也与立法者限制滥用职权罪处罚范围的立法意图不符。"重大损失"要件的最大功能是限定刑罚处罚范围。但是，由于客观处罚条件只有存在与否的问题，并不需要与不法行为之间具有因果关系，即使有因果关系，在很多情况下也是一种极为偶然的因果关系。如果认可"重大损失"属于客观处罚条件，很容易导致只要出现了"重大损失"即轻易地肯定了刑事可罚性的结论。只有将"重大损失"理解为客观不法要素，才能通过合理限制因果关系范围的方式，合理限制刑罚发动。

最后，从体系解读的角度来看，将"重大损失"视为滥用职权罪的客观处罚条件，难以实现与玩忽职守罪在构造上的协调。主流观点认为，滥用职权罪和玩忽职守罪的主要区别在于犯罪的主观方面。事实上，1997 年《刑法》制定之前，学界和司法实践积极推动滥用职权罪立法的一个重要原因就是滥用职权属于故意犯罪而玩忽职守属于过失犯罪。在坚持故意形态犯罪和过失形态犯罪属于排斥关系的情况下，只能通过立法的方式化解处罚漏洞。但是，不可否认的是，由于 1979 年《刑法》允许类推，在1997 年《刑法》通过之前，司法实践通常是通过类推适用玩忽职守罪的方式，避免相应的处罚漏洞。这反映出玩忽职守罪和滥用职权罪在客观不法层面上并无实质区别。既然如此，"重大损失"在玩忽职守罪中属于不法要素，在滥用职权罪中也应当是不法要素，也就是构成要件要素。

当然，如果坚持"重大损失"属于滥用职权罪的客观处罚条件，为了维持玩忽职守罪、滥用职权罪在客观不法层面的均衡性，同样应当认为"重大损失"也属于玩忽职守罪的客观处罚条件。但这种理解方式存在的问题，是这种理解方式与传统的结果犯的理解方式并不相同。作为与行为犯和危险犯相区分的结果犯，其结果属于与行为存在一定空间和时间间隔的物质性损害结果。此外，这种理解方式还会导致过失犯不再是结果犯而成为行为犯。由于渎职行为一实施，职务公正性就受到影响。因此，如果将"重大损失"视为玩忽职守罪的客观处罚条件，玩忽职守罪将成为行为犯，这显然与过失犯是结果犯的一般认识不符。

（二）同一说立场的理论进路及其问题所在

基于维持过失和故意的不法要素同一的立场。"重大损失"要件不但在玩忽职守罪中属于不法要素，在滥用职权罪中同样也应当属于不法要素。成为问题的是在坚持滥用职权罪是故意犯罪的前提下，"重大损失"在滥用职权罪中究竟具有何种意义。我认为，应当将"重大损失"视为滥用职权罪的犯罪故意对象。既然"重大损失"应当属于滥用职权罪的不法构成要素，这意味着在滥用职权罪的结果归责立场上，条件说或者偶然因果关系说等都不应获得支持。然而，在坚持这一前提的情况下，我们仍然面临的问题是：在解释论上如何在合理说明滥用职权罪和玩忽职守罪的区别的同时，合理说明对滥用职权行为与玩忽职守行为同样处罚的根据，以及对滥用职权的未遂行为不予处罚的根据。此外，还要合理说明在滥用职权罪中，应当承认间接因果关系的根据及其界限。

为了合理说明前述问题，应当认为，同玩忽职守罪一样，滥用职权罪也是过失犯罪。将滥用职权罪视为过失犯罪可以避免将之视为故意犯罪所导致的一系列难题。如果将滥用职权罪视为过失犯罪，"重大损失"作为过失犯的结果，一方面，可以解决因过失犯的未遂不受处罚而带来的解释难题；另一方面，将之视为过失犯也能维持和玩忽职守罪法定刑相同作出合理解释。再者，早期从玩忽职守罪中区分出滥用职权罪的最重要原因是滥用职权是一种故意行为，与玩忽职守罪的主观表现存在不同。但是，在承认故意和过失在规范层面是递进关系的前提下，将滥用职权罪解释为故意犯罪的实践优势也不存在了。

实质上，传统的观点也承认滥用职权罪属于过失犯罪。为了合理化解滥用职权罪的故意犯罪定位可能矛盾的复合罪过说，本质上也承认滥用职权罪是过失犯罪。其一，刑法中犯罪故意的指涉对象是危害结果。但是，未导致"重大损失"的滥用职权行为只是行政不法行为，其引起的结果并非是刑法意义上的危害结果。既然如此，对于作为行政不法的滥用职权行为的故意并非是刑法意义上的故意。只有能够提升或者决定滥用职权罪的刑事不法的"重大损失"才是滥用职权罪主观归责的对象。其二，复合罪过的观点消解了滥用职权罪故意不法的意义。复合罪过的观点强调滥用职权罪是"故意"＋"过失"的犯罪。但是，其仍然维持滥用职权罪和玩忽职守罪刑事责任相同的立法，这意味着在持复合罪过的学者眼中，针对第一结果的故意其实根本就不决定影响滥用职权罪的刑事责任。也就是说，实质影响滥用职权罪的刑事责任的不法和责任要素，是"重大损失"以及对"重大损失"的过失。

基于以上考虑，应当认为，滥用职权罪和玩忽职守罪都属于过失犯罪，两者的区别只在于行为人对于滥用职权的态度。对于滥用职权罪的因果关系，应当承认其因果关系不限于直接的因果关系，还包括间接的因果关系。但成为问题的是间接的因果关系的范围。

　　一些学者认为，应当通过相当因果关系理论确定间接的因果关系的范围。但在一些应当肯定或者否定结果归责的情形下，相当因果关系说难以推导出妥当结论。第一种情形是应当肯定结果归责，但根据相当因果关系难以肯定结果归责的情形。例如，"某粮库负责人夏某违规将国家储备粮借给私营企业用作向银行贷款的抵押，后因市场行情不好，银行贷款无法偿还，给国家造成重大经济损失"。在该案中，夏某"之前违规借过多次，企业都按期归还贷款"。对于该案如果基于既有经验很难肯定相当因果关系。再如，对于司法实践中介入第三人故意或者重大过失行为的，理应否定相当因果关系。但是，在很多时候这并不妥当。例如，在甲明知其违法查封他人财产，而乙也明知其执行程序前一环节有问题，仍然对房屋进行拍卖的事例中，虽然介入了第三人的故意行为，也不应当否定结果归责。此外，在司法实践中，还有观点基于实行行为危险性、介入因素异常性，以及介入因素对于结果的贡献的角度，划定间接因果关系的范围。但是，这种观点本身并不妥当。正如我在前面所指出的那样，对于滥用职权罪的结果归责，应当从职权的角度确定其归责范围。也就是说，应当从规范保护目的的角度，判断现实发生的法益损害后果是否仍然处于禁止滥用职权的规范保护目的范围之内。

（三）滥用职权罪的构造及其归责构造

　　基于上述考虑，我个人认为，滥用职权罪应当属于过失犯罪。该结论主要是基于下述考虑：

　　首先，判断在结果中现实化的风险是否属于禁止滥用职权行为所拟防范的风险。例如，在"朱兴荣滥用职权案"中，朱兴荣驾驶警车追赶违章的陆建兴，陆建兴继续违章加速行驶，在交叉路口违章左转弯，由于车速较快导致翻车将行人周传义撞倒致伤，抢救无效死亡。对于该案，司法裁判认为存在偶然因果关系，从而肯定结果归责。在"王刚强、王鹏飞滥用职权案"中，裁判理由则认为"作为执法的公路稽查人员对于逃避检查的逃逸车辆不能'追赶'，因为法律、法规没有授权'追赶'，如果'追赶'就是超越职权的滥用职权行为"。对于该案，原则上不应当肯定归责。根据《交通警察道路执勤执法工作规范》第73条的规定，除了针对一些特殊情形，交通警察原则上不得在"行车道上拦截车辆"。可见，此处的规范保护目的是防护民警自身安全，而非其他人的安全，因此，此处的法益损害后果，并非处于规范保护目的的范围之内。

其次，在复数滥用职权行为与结果都有关联时的归责分配。对于这种情况，在学说上有的观点认为可以对复数主体都进行结果归责，但在司法实践中，有的司法裁判认为应当由异常的介入因素对该结果负责。例如，在"甘某受贿案"中，甘某明知某公司申请材料中的发票不符合规定而未予把关直接通过，某公司随后用这些材料申请财政补贴。财专办发现材料作假后，决定取消财政补贴。甘某获知后应某公司请托，向财专办出具经过重新审核的材料，删除不真实部分，确认最终补贴数额，导致某公司骗取国家专项补贴资金361万元。对于该案，法院认为"在第二阶段发展到属于其他相关部门的责任领域时，介入了有义务防止危险现实化的相关部门的行为，相关部门已经发现危险且能够防止但没有防止危险……应当认定为介入行为与结果之间具有因果关系"。这份裁判建立在后一阶段的职务行为本身是防止前一阶段的职务行为可能产生的风险基础之上。如果第二个滥用职权行为本身上并不具有阻止前一个滥用职权行为的危险，那么，原则上应当承认对于结果，复数主体之间都应当负责。这是因为在后一阶段具有防止义务和不具有防止义务的情况下，介入因素的自我答责程度和对于法益保护的一般预防的强化效果并不一样。首先，在后一阶段不具有防止义务的情况下，或者说只具有形式审查义务的情况下，从前一阶段到导致结果的后一阶段，很容易被视为前一阶段滥用职权行为的危险的现实化。其次，只有同时加强对于前一阶段和后一阶段的滥用职权行为的制裁，才能更好地服务于法益保护的目的。但是，在前一阶段和后一阶段都存在结果防止义务的情况下，后一阶段滥用职权不履行义务的情形，一般是异常情形，不应当被视为前一阶段的危险的现实化。最后，如果不强化对于后一阶段行为人的制裁，将会导致对于法益保护的制度行为约束沦为形式。但是，存在例外的是，如果介入的后续的滥用职权或者玩忽职守行为的本来职责并不是防范前一个滥用职权或者玩忽职守行为的风险，对于后续发生的结果，就不应当再视为其行为造成的风险的现实化。

主持人：王　充

就刚才两位报告人的讲演和之前聆听会议的一些感悟，我简单谈一点想法。

第一个问题，昨天和今天的两场报告都讨论因果关系，首先大家对因果关系的认识是不是一致？我觉得未必是一致的，这是要思考的问题。当然因果关系当中什么是因、什么是果，如果对因和果的界定不一样的话，这个因果关系肯定也是不一样的。这是第一个问题。

第二个问题，我们为什么要研究因果关系？无非是找原因和确定责任，这就涉及归因归责是要分离还是要合一的问题。

第三个问题，因果关系的认定问题，我觉得类型化的划分对因果关系判断是非常重要的。

第四个问题，是和论坛相关的，我们是实务论坛，理论和实务思考的方面是不一样的，哲学家们只是用理论的方式认识世界，但问题是改造世界，所以理论和实务确实不一样。我们学术当中会出现很多"黑话"，可能实务当中未必能理解和接受。

二、评议

主持人：陈庆安

接下来开始第二场报告的评议阶段。这个阶段由我和上海市高级人民法院的罗开卷庭长主持。在这个阶段一共有四位评议人，我和罗庭长会严格地控制时间。如果 8 分钟到了的话，我们就会打断发言，希望各位发言人长话短说。

主持人：罗开卷

根据我的统计，职务犯罪里面渎职犯罪占的比例很低，其中常见的是滥用职权罪和玩忽职守罪，在实践中对个别案件认定争议很大，其中主要是对因果关系的判断。今天探讨因果关系，有很多空间可以探索。

接下来想进一步听听四位年轻学者，包括实务界的专家作进一步的评议。首先有请西北政法大学刑事法学院谭堃副教授做评议。

评议人：谭　堃

对于因果关系，刚才王充老师也讲到这样一个问题，现状在于我们打破了原来传统因果关系理论的通说地位，而新的通说还没有形成，导致在理论和实践中多种因果关系理论并存的局面。特别是在培养学生的过程当中，司法考试也涉及这一问题，所以当务之急是怎样尽快地形成理论上的通说。从理论发挥作用的角度来看，应该是有多方面的。理论既需要解决现实的问题，也应该有前瞻性。比如昨天孙运梁老师讲的客观归责理论，如果没有一定超前意识的话，理论将会永远处于滞后状态。在这个过程当中需要对前沿性的理论有足够的宽容；反过来，前沿性的理论需要对实务有足够的耐心，前沿理论是没有办法马上转化为生产力的。那么，理论上的见解是不是完全没有被实践采纳的可能性呢？也不是这样，比如昨天李川老师介绍的介入因素的三步判断法，主要来自于理论上对相当因果关系的判断，在实务中是一种具备操作性的程式化的判断方法。在因果关系的判断过程当中，理论和实务有共同需要解决的问题。

当前，我国刑法理论朝着不断精深化的方向发展，因果关系理论却仍然处于一种混沌的状态。我们在对传统理论进行反思的同时，却还没有形成理论与实践上普遍认可的通说性见解。理论与实践中，条件说、合法则的条件说、相当因果关系理论以及客观归责理论并存，似乎还不曾在哪一个刑法理论问题上存在如此之多的"山头"。而传统的必然因果关系与偶然因果关系理论由于缺乏必要的可操作性，难免导致因果关系的判断需要依靠"感觉"来进行。

凭"感觉"判断因果关系并不是完全不可行，因为人类对因果性的追求是其本能的体现。"必然性构成因果关系的一个必要部分"，人类总是对必然性情有独钟，总是认为一个事物的产生不是平白无故的，背后必定有某种原因存在。即便某种现象的原因尚不明确，我们仍然认为"这现象肯定服从因果关系的总规律，这现象发生的原因迟早会被确定……我们每天的活动便隐含着对自然规律普适性的完全信赖。"这是因为"必然性带来的是一个确定的世界，而在一个确定的世界中，人类才会有安全感"。而因果性等同于必然性，"自然必然性是一切无理性东西的因果性所固有的性质"。作为本能性需求的因果性，使在我们的一般"感觉"中存在着因果性直觉判断的可能性。

刑法作为与公民基本权利紧密关联的部门法，其处罚的范围与程度本身就以确定性为追求目标。"在一个理性的法社会中，每个人在刑法上都只需要对其所能够支配的事物负责。唯有如此，国家施予被告的刑罚才会是理性的，才能被正当化。"因此，脱离因果性判断的结果归责既缺乏刑罚的理性，对行为人而言也无刑罚的公正性可言。刑法上探讨因果关系的目的，在于判断结果是否可以归责于行为人，或者说是要明确、妥当地划定结果归责的范围。所以，因果关系的判断成为刑法中的重要问题。

但是，刑法中因果性的判断却绝不可能单纯依靠"感觉"来完成。司法实践中迫切需要的是具有可操作性的因果关系判断方法，以取代对因果关系的直觉判断。"尽管刑法理论对因果关系众说纷纭，但对刑事法官而言，针对具体刑事案件做出的判决只能是唯一的，而且是确定的。因此，如何准确认定危害行为和危害结果之间是否具有刑法上的因果关系，进而依据犯罪构成要件判断行为人行为的性质，成为刑事法官无法回避的问题。"例如，在《刑事审判参考》第276号"陈美娟投放危险物质案"中，采取了介入因素三步骤判断法进行因果关系的判断。表面上看判断者是采取了相当因果关系理论，实际上却是因为此种判断方法具有一定的可操作性而受到司法实践的青睐。

此外，具有可操作性的判断标准还需要在不同类型的案件中进行检验，以证明该标准的一般性。实际上，我们很难就每一类具体犯罪提出一种因果关系理论，在一般意义上提出具有普遍适用效力的判断标准尤为重要。就介入因素型因果关系的判断而言，上述三阶段的判断方法虽然具有可操作性，但是，也存在对某些案件难以适用的情况。例如，对于"赵达文交通肇事案"，很难以上述判断方法得出赵达文需要对结果承担责任的结论。

另外，理论的演进需要考虑刑法适用的安定性。近年来对因果关系理论的探讨，有从传统因果关系理论的架构直接跨越至以客观归责理论为展开的现象。在我们还未就因果关系理论进行充分探讨、达成普遍共识，缺少必要理论准备和实践归纳的前提下，就以高度类型化的客观归责理论指导实践适用，是否具有充实的理论和实践基础，需要引起学界的重视。

结合司法实践对因果关系理论的现实需求，理论上尽快在因果关系的一般理论上达成共识，形成具有可操作性、可检验性以及能够保障刑法适用安定性的因果关系理论通说极为必要。以此来检验某一种因果关系理论是否适当，就具有了一定的实践面向。

渎职罪因果关系的特点，是在行为人行为与结果之间往往存在第三人行为的介入因素，使因果关系在事实上体现出间接性。此种特征与渎职罪的犯罪事实特征以及《刑法》对渎职罪所规定的基本构造紧密相关。从犯罪事实来看，渎职犯罪往往在国家机关工作人员的渎职行为事实之后，存在一个行政相对人的第三人行为，是此第三人的行为直接导致结果发生；从《刑法》对渎职罪所规定的基本构造来看，渎职罪的构成以结果作为构成要件要素。事实与规范两个方面的作用使渎职罪因果关系呈现出上述特征，而对渎职罪因果关系的探讨也需要从渎职罪的具体构造展开。

两位报告人在渎职罪因果关系的判断上皆从相关犯罪的规范构造出发，在研究的进路上值得认同。李世阳老师从"严重不负责任"的文义出发，将玩忽职守型渎职罪界定为不作为的重过失犯，以不作为的认定限定归责的主体，以过失的认定判断结果归责，层层递进，丝丝入扣，使人印象深刻。蒋太珂老师也是从滥用职权罪的规范构造出发，认为将滥用职权罪界定为故意犯无法解释"重大损失"的构成要件要素属性，因此，提出在过失犯构造上具体判断滥用职权罪的因果关系。与上述实践观点不同的是，蒋老师认为介入因素三步骤判断方法并不适用于滥用职权罪这种间接因果性的判断，而应当基于规范保护目的，结合职权内容划定归责范围，此种观点引人深思。我发现在蒋太珂老师的论文当中，各种各样的理论把蒋老师难为坏了，其实不怪在座的各位研究者，主要是怪立法者，非要设置这样一个模糊不清的构成要件。

两位报告人所提出的判断标准都具备可操作性的特征。不论是以规范保护目的判断滥用职权罪的因果关系还是以过失犯的架构确定玩忽职守型渎职罪的归责范围，从理论的可接受度来看，能够保证其运用于实践时所需要保障的刑法的安定性。至于具体判断标准的可检验性，需要结合具体标准的内容来进行探讨。

回到两者归责的路径上来，这里存在一些疑问，比如蒋太珂老师提出来的归责的判断标准主要是规范保护目的，这个和刚刚周啸天老师判断的标准是比较类似的。关键的问题在于，对于规范保护目的是不是不需要其他标准，就可以完成滥用职权罪归责的判断？在周啸天老师的判断过程当中，他还提到了介入被害人自杀这样一种行为。在刚刚提到的龚晓的案例中，以玩忽职守罪定罪是比较容易的，可是在刑事审判当中还有这样一个案例，派出所的民警滥用职权，把自己所管辖的民用爆炸物给了一个私人矿主，这个矿主将爆炸物借给了另外一个矿主，结果发生爆炸，致人死亡。法院的判决最后没有认定滥用职权罪的成立，认为滥用职权和实际结果不存在必然的因果关系。实际上在规范保

护目的的判断上，到底是以他所监管的人为标准，还是以他所创
设的风险是否结束为标准，可能得出的结论也不一样。

蒋老师采取的是同客观归责比较类似的判断方式，李世阳老
师主要进行注意义务的判断。我还有一个疑问，结果判断的过程
有没有可能完全是客观的，主观要素到底会不会影响不法的判
断。昨天也提到，被害人的特殊认知在不法的判断当中到底起什
么样的作用？

在李世阳老师的论文当中，因为重视对注意义务的判断，所
以在过失犯构造的判断过程当中，融入了对预见可能性的判断。
我觉得在结果归责的判断上可以考虑主观的要素，存在的问题在
于预见可能性的范围何在。按照李世阳老师所采取的新过失论的
见解，预见可能性主要是对行为导致结果的因果流程的认识程
度。到底是采取新过失论，还是采取所谓的新新过失论，我觉得
有进一步探讨的余地。

结合两位报告人的报告，我认为，在滥用职权罪和玩忽职守
型渎职罪的因果关系判断上，还有以下几个基本问题需要予以进
一步考虑：

第一，滥用职权罪的因果关系在司法实践中确实有介入因素
的情况出现，但是正如蒋老师的文章所言："在违规变更房屋权
属登记、违规为停运车辆通过年审等涉及资格审查的案例中，由
于相应资格与一定的经济利益存在互为表里的关系，行为主体只
要具有滥用职权的行为故意，即可直接肯定其对'重大损失'结
果具有故意。"实践中，对此认识也大致相同，如有观点指
出，"比如税收人员少收、不收国家税款，林木管理人员滥伐林

木开发许可证，往往会直接导致国家税收损失、林木被滥伐等危害后果，显然这两者之间具有直接的、必然的因果关系"。也即现实中也存在滥用职权行为与结果之间并不存在介入因素的情况，此时，将滥用职权罪界定为故意犯罪，并不存在犯罪构造上的难题。是否可以简化滥用职权案件的实存类型，径直以间接型因果关系归纳滥用职权罪因果关系的问题性，而忽视少数明显属于故意的滥用职权案件呢？

第二，如果将滥用职权罪限定为过失犯，则受《刑法》第25条第2款规定的限制，滥用职权罪是否还存在共同犯罪存在疑问。如果依照国家机关工作人员的职权内容，各行为人的职权合于一处才能最终导致结果产生，此种情况下不能以共同犯罪论处，则结果归责可能会面临难题。从体系解释的角度，是否应当将国有公司、企业、事业单位人员滥用职权罪也界定为过失犯呢？如果对此罪的主观方面作相同的理解，由于实践中往往需要将数个国有公司、企业、事业单位的人员认定为共同犯罪，才能够在民事侵权责任中对其主张共同赔偿责任。从《民法典》与《刑法》的协调适用来看，将上述罪名界定为过失犯罪恐怕对民事共同侵权责任的追究不利，对企业利益的保护也将产生新的难题。

第三，是正犯背后之正犯的问题。滥用职权罪与玩忽职守型渎职罪中往往存在第三人行为的介入因素，当所介入的行为也构成犯罪时，则处于背后的滥用职权行为与玩忽职守型渎职行为是否仍然构成独立的正犯，是所谓正犯背后之正犯的问题。区分制正犯体系与单一制正犯体系是各国立法为了处理数人共同参与犯罪问题而逐渐发展演化出来的两种不同的立法形式。一般而言，区分制正犯体系与单一制正犯体系是对一国刑法立法所采取的正犯体系的描述。如果在过失犯的正犯概念上采取单一制的正犯概念，介入行为构成的是故意犯罪，作为过失行为的滥用职权行为与玩忽职守型渎职行为是否仍然构成过失的正犯，恐怕存在故意犯与过失犯不协调的问题。如果背后的行为是故意行为，一般而言，当一个故意犯罪行为的介入，背后的故意行为不过构成的是狭义的共犯；而在背后的行为是过失行为时却要构成过失正犯，恐怕存在评价的不均衡。反之，如果认为过失犯也应当采取区分的正犯概念，则故意犯背后的狭义的过失行为是否还有处罚的必要，需要理论上给予充分的论证。

主持人：罗开卷

接下来有请上海市人民检察院第一检察部副主任王涛做评议。

评议人：王　涛

通过对这两篇文章的学习，我认为李老师和蒋老师提出的观点，对我们实务界中渎职案件因果关系的认定具有重要的实践价值。缺乏理论的实践是盲目的，缺乏实践的理论是空洞的。李教授的文章结合案例探讨了玩忽职守型渎职罪中的"严重不负责任"及其与重大损害后果的因果关系，蒋老师的文章则结合案例明确了"重大损失"在滥用职权罪中的体系定位，并提出了滥用职权罪的结果归责标准，两篇文章对渎职案件因果关系的认定具有重要的实践价值。此外，对于以下三个问题，我们需要进一步研究和论证：

第一，李教授提出在对结果回避措施的有效性进行判断时，要结合行为人的能力与权限等因素。即使实施了很大程度上能够抑制或降低危险的行为，也仍然可以合理怀疑结果发生的可能性，那么行为人就不对最终的结果负责。这一观点具有一定的实践意义，但基于该观点对钟某玩忽职守案的分析却值得商榷。

根据《社区矫正实施办法》的规定，假释的社区矫正人员未按规定时间报到或者接受社区矫正期间脱离监管，超过1个月的，由居住地同级司法行政机关向原裁判人民法院提出撤销假释建议书并附相关证明材料，人民法院应当自收到之日起1个月内依法做出裁定；在实施社区矫正过程中，司法工作人员有玩忽职守等违法违纪行为，构成犯罪的，依法追究刑事责任。本案中，假释人员张某在接受社区矫正期间脱离监管近两个月，钟某理应及时向区司法局报告，并提请法院撤销假释，将张某收监，这样就能有效地防止张某再次犯罪。但钟某严重不负责任，致使张某在脱管期间实施抢劫、故意杀人犯罪，故应当对这一结果负责。例如，在"陆某、张某玩忽职守案"中，被告人陆某作为山西省介休市司法局某司法所所长，不认真履行工作职责，未按规定对缓刑的社区矫正人员孟某进行日常监管，未按照规定对孟某的脱管行为及时向市司法局社区矫正中心报告；被告人张某作为市司法局社区矫正中心副主任，不认真履行工作职责，对孟某未经批准离开介休市的行为未及时督促某司法所进行监管，对孟某脱离监管超过1个月以上的情况未及时向原判法院提出撤销缓刑建议书，致使孟某在脱管后实施故意杀人犯罪。陆某、张某二人的行为均被认为构成玩忽职守罪。这是我提出的第一个问题。

第二，蒋老师认为，滥用职权罪应该属于过失犯罪，其论据之一是滥用职权罪的法定刑与作为过失犯罪的玩忽职守罪的法定刑相同。其实，在刑法分则中，同时涵盖故意犯罪和过失犯罪并适用同一法定刑的条文是客观存在的，如《刑法》第 398 条规定的故意泄露国家秘密罪和过失泄露国家秘密罪、第 432 条规定的故意泄露军事秘密罪和过失泄露军事秘密罪。不能因为滥用职权罪与玩忽职守罪法定刑相同，就推导出滥用职权罪与玩忽职守罪的主观方面也相同。当然，为确保上述故意犯罪和过失犯罪在适用时能实现罪责刑相适应，检察机关提出量刑建议或者法院判处刑罚时，可以在法定刑幅度内作出轻重有别的区分。例如，对于蒋老师在文中列举的"朱兴荣滥用职权案"，一审法院以玩忽职守罪判处被告人免予刑事处罚。检察机关抗诉后，二审法院改判滥用职权罪，判处拘役 6 个月，缓刑 1 年。

为了与玩忽职守罪相区分，应当认为滥用职权罪的罪过形式是故意，行为人对于"重大损失"，不仅要有认识，而且要持希望或者放任的态度。也就是说，国家机关工作人员基于其对职权的认知和了解，一定程度上都会预见实施滥用职权行为（无权擅用和有权滥用）可能造成的"重大损失"。当"重大损失"是由他人行为直接造成时，即使行为人希望或者放任这一结果发生，以滥用职权罪定罪处罚也能做到罪责刑相适应。如果滥用职权行为直接导致他人死伤或者财产受损等"重大损失"，则具有故意杀人、故意伤害、诈骗等罪的实行行为性。在符合故意杀人、故意伤害、诈骗等罪的构成要件时，成立滥用职权罪与相关犯罪的想象竞合犯，从一重罪处罚即可。因此，承认滥用职权行为人对"重大损失"存在认识并持希望或者放任的态度，不会导致重罪轻判而有违罪责刑相适应原则。例如，杨某系某区社保局工作人员，从事企业职工养老保险业务的初审工作。杨某明知其兄嫂等5人是农村户口，不符合企业职工养老保险参保条件，却在该5人提交的申请表及虚假材料的初审意见上签署了同意。上述材料通过复审、复核等手续后，该5人至案发共领取养老金39万余元。法院经审理认为，杨某为达到使他人骗领养老金的目的，利用职权违规审核，致使国家财产遭受重大损失，其行为属于滥用职权罪与诈骗罪的想象竞合，应择一重罪处罚，即以诈骗罪论处。按照最高人民法院、最高人民检察院《关于办理渎职刑事案件适用法律若干问题的解释（一）》的规定，国家机关工作人员与他人共谋，利用其职务行为帮助他人实施其他犯罪行为，同时构成渎职犯罪和共谋实施的其他犯罪共犯的，依照处罚较重的规定定罪处罚。

第三，蒋老师提出，通过判断现实发生的法益损害后果是否处于禁止滥用职权的规范保护目的范围之内来认定滥用职权罪的结果归责，这一观点具有一定的妥当性。但在论证上述观点时，蒋老师指出，《交通警察道路执勤执法工作规范》的保护目的是"交通警察在道路上执勤执法时应当严格执行安全防护规定，注意自身安全"，即防护民警自身安全，而非其他人的安全。进而认为，被告人驾车追缉逃跑车辆，逃跑车辆造成第三人死亡的法益损害后果，并非处于规范保护目的范围之内，故不应归责。这一例证值得商榷。

其实，公安部《交通警察道路执勤执法工作规范》规定，除机动车驾驶人驾车逃跑后可能对公共安全和他人生命安全有严重威胁以外，交通警察不得驾驶机动车追缉。交通运输部《路政文明执法管理工作规范》也明确规定，除机动车驾驶人驾车逃跑后可能对公路设施安全有严重威胁以外，路政执法人员不得驾驶机动车追缉。上述规范保护目的是通过规范执法行为，维护道路交通秩序和安全，既包括保障民警自身安全，也涉及保护公共安全和他人生命安全。执法人员驾车追缉逃跑车辆确实存在致使逃跑车辆造成第三人死亡的风险，但是，当驾车逃跑行为可能对公共安全和他人生命安全有严重威胁时，追缉行为的风险就属于法所容许的风险，对此第三人死亡的后果不应归责于执法人员驾车追缉的行为。

当然，如果不存在上述除外事由，执法人员驾车追缉致使逃跑车辆造成第三人死亡的风险，宜评价为上述规范所拟防范的风险，存在结果归责的可能性。例如，在"张波滥用职权案"中，被告人张波系山东省博兴县公安局交警大队工作人员，其按照滨州市交警支队百日交通秩序整治方案的要求，带领执勤人员在立交桥下设卡点对违章车辆进行检查。期间，因一辆银灰色面包车（已经脱审且被罚款 3 次）在卡点附近掉头逆行，张波随即驾驶警车拦截该车辆未果。该面包车逃离后，张波违反规定，驾驶警车载 2 名执勤人员追缉逃跑车辆。面包车在逃跑过程中先后逆行并两次闯红灯，当该车行驶至粮食局门口时，因躲避路上的大坑，导致车辆失控侧翻，撞倒骑电动车的人和路边的行人，致二人死亡。法院以被告人张波犯滥用职权罪判处有期徒刑 10 个月，缓刑 1 年。后来我查了一下 2005 年出台、2008 年修订的《交通警察道路执勤执法工作规范》，现行有效的规定是这么表述的："除了机动车驾驶员驾车逃跑后，可能对公共安全和他人生命安全有严重威胁以外。"

我希望在自由讨论过程中，能够就这些问题再讨论一下，我本人是存疑的。

主持人：罗开卷

王主任提出的问题确实值得进一步探讨。接下来由上海市高级人民法院研究室俞小海科长进行评议。

评议人：俞小海

"严重不负责任"是玩忽职守型渎职罪构成要件表述中常用的词汇，其在构成要件中的体系性地位以及与重大损失后果之间的因果关系，是渎职罪理论与实务中亟须厘清的重大问题。李世阳副教授对这一问题作了深入思考，将玩忽职守型渎职罪的罪质解释为"不作为的重过失犯"，运用新过失论的"预见可能性+结果回避义务"的基本构造，将重过失定义为"高度的预见可能性+容易有效的结果回避"，在教义学层面构建出基本框架，为解释"严重不负责任"与重大损失后果因果关系提出了一条全新的思路，尤其是对于主体的选定、"严重不负责任"的判断等均提出了较为具体的操作规则，对于司法实践来说具有积极意义。

首先，我认为李教授的观点是在遵循一般过失犯罪基本构造的基础上所作的一种深化，并没有突破主流观点关于一般过失犯罪的理论框架。其次，关于"高度的预见可能性"和"结果回避的容易性"，虽然李教授借助于信赖原则、因果关系流程中的介入因素等理论，并结合具体案例来论证其判断方法，但是"高度""容易性"也是描述程度的词汇，对此难以准确把握，李教授的论述似乎没有体现出"高度""容易性"的特殊性，也似乎未能提出关于"高度的预见可能性"和"结果回避的容易性"司法判断时更为具象化的逻辑顺序和操作规则。其能否作为未来司法案例的妥当解决方案，仍有待进一步验证。

蒋太珂老师的文章将滥用职权罪界定为过失犯罪，这个观点是比较新颖的，在此基础上，对滥用职权罪的结果归责标准、结果归责评价等具体问题作了分析。特别是基于滥用职权罪多数属于间接的危险现实化这一事实，在间接因果关系的判断上，蒋老师从规范保护目的的视角，提出应当从职权的角度确定其归责范围，即"相应的损害后果是否属于滥用职权罪所拟防止的风险"，并对结果归责评价的具体类型作了梳理。蒋老师将因果关系置于规范保护目的视野予以考量，确保因果关系的认定不脱离滥用职权罪规范保护目的的范围，这一逻辑进路具有教义学上的科学性，对于合理限缩滥用职权罪的处罚边界具有实践意义。将滥用职权罪解释为过失犯罪，基本分析工具是"对行为的故意+对结果的过失"，这一模型与近年来学界主张的观点也是契合的。

关于滥用职权罪到底是故意犯罪还是过失犯罪，从教义学层面其实很难论证孰优孰劣，本质上还是一个解释立场的问题。与玩忽职守罪以不作为方式为主不同，滥用职权罪更多的是以作为的方式实施，而过失犯罪的归属决定了行为人对于危害后果只能持排斥或反对态度。但是一方面，一系列的积极作为，本身就彰显了国家机关工作人员对危害后果的漠视（或无视）态度，似乎难以得出其对危害后果的排斥（反对）；另一方面，现有司法解释为玩忽职守罪设定了相较滥用职权罪更高的入罪标准（如前者造成伤亡人数标准是后者 3 倍，造成经济损失标准是后者 5 倍），在二者共享同一构成要件和法定刑配置的背景下，似乎也从侧面印证滥用职权罪罪责程度更高。同时，司法实践当中存在大量的在裁判文书中明确写出来滥用职权罪的鉴别裁判的判例。中国裁判文书网中，关于滥用职权罪，在裁判文书中直接认定被告人的主观心态是间接故意的，大概有 50 多份。这也能看出，实践中国家机关工作人员故意实施滥用职权行为，并且对"公共财产、国家和人民利益遭受重大损失"持有间接故意（明知而放任），如果将本罪解释为过失犯罪，对于这一情形难以处理。尽管蒋老师提出"直接按照相应的故意犯罪论处即可"，但面临着其他故意犯罪罪名与滥用职权行为契合度的问题，可能影响刑法评价的精确性。

其次，关于"规范保护目的"中"规范"的类型化和层次性。在分析出现的危害后果是否处于规范保护目的的范围之内时，其基准到底是滥用职权罪的规范保护目的，还是部门法、行政规章或工作规范的保护目的，应予以区别分析。蒋老师用滥用职权罪的规范保护目来划定其因果关系范围，但是文章以《交通警察道路执勤执法工作规范》的目的来分析具体案例，显然，由于刑法条文规范保护目的的中观性（甚至宏观性），如果仅以滥用职权罪的规范保护目的范围来划定因果关系范围，并不具有"一劳永逸"的方法论价值。因此，需要进一步借助于非刑事法律规范的保护目的来加以阐释，但是二者如何贯通以及在何种层面上实现贯通，似乎需要进一步分析研究。换言之，如果是以刑法条文的保护目的来分析的话，可能会得出一种结论，如果以行政法规的规范保护目的来论证的话，又可能得出另一种结论。所以，我觉得如果以滥用职权罪的规范保护目的来论证这个问题的话，并不能一劳永逸地提出一个方法论的标准，需要借助于其他法律规范的保护目的来加以综合考虑，但是两者如何共通，我认为也是需要关注的问题。

基于对上述两篇文章的阅读，我自己产生两个体会：

第一，关于渎职行为对危害结果具有"原因力"的判断。2012 年 11 月 15 日最高人民检察院发布的第二批指导性案例检例第 8 号杨某玩忽职守、徇私枉法、受贿案的"要旨"中，就"渎职犯罪因果关系的认定"提出了一般性标准。其中，对于"原因力"的规范解释成为核心。原因力理论较早用于民事责任领域，主要用来解决侵权法中多因现象下各行为人的责任划分问题。一般认为，原因力的大小取决于各个原因的性质、原因事实与损害结果的距离以及原因事实的强度，多从主要、次要和直接、间接等维度来判断原因力大小。也有学者将原因力理论引入刑法因果关系领域并作了归类。渎职行为对危害结果的"原因力"实际上就是"作用力"。最高人民检察院指导性案例"要旨"仅仅明确了"原因力"，并未对原因力大小做出分类指引，可见司法机关对于渎职行为与危害结果之间因果关系的认定采取了非常宽松的标准。如果按照这一标准，渎职犯罪极有可能呈现出某种"口袋化"特征。我倾向认为，应对渎职犯罪中的"原因力"作进一步的教义学构建。

第二，应谨防刑事政策过度侵入渎职犯罪因果关系的司法认定。从学术史上看，刑法教义学与刑事政策经历了从相互隔离到相互融通的过程，即陈兴良教授提出的从"李斯特鸿沟"到"罗克辛贯通"，刑事政策已经由多个层面进入刑法教义学体系，并借助于扩张解释、目的解释、实质解释等解释方法对司法实务尤其是个案产生直接影响。从笔者收集梳理的渎职犯罪司法判例以及近年来我国司法解释对某些影响"体感治安"行为的过度回应等情况来看，"刑事政策对刑法教义学的目的引导"有余，而"刑法教义学对刑事政策的边界控制"不足。在渎职犯罪主体的特殊性和"公共财产、国家和人民利益遭受重大损失"的宏观叙事下，渎职犯罪因果关系的司法认定难免会受到刑事政策的影响，呈现出"泛化"趋势，这是渎职犯罪因果关系的教义学构建应当考虑的问题。

主持人：陈庆安

接下来有盈科长沙刑事合规部主任肖兴利律师发言。

评议人：肖兴利

李世阳老师从刑法条文中的"严重不负责任"究竟是客观行为还是主观心态这一问题出发，提出了玩忽职守型渎职罪是一种不作为的重过失犯的观点。李老师认为，"严重不负责任"同时具备客观上的严重不法程度和主观上的可受严厉谴责的可能性，他进而分析了作为义务的主要来源以及重过失的判断标准，即将重过失定义为"高度的预见可能性+容易有效的结果回避"；在国家机关工作人员内部存在过失竞合时，他主张通过信赖原则的适用否定预见可能性；他还主张从事后角度对结果回避措施的有用性进行判断等。这些观点为司法实务提供了易于理解、可操作性强的标准，具有较强的指导意义。

蒋太珂老师着重阐述了滥用职权罪的结果归责模式，通过分析区分说理论和同一说理论的局限性，提出应当将滥用职权罪归于过失犯罪，如此才能解决滥用职权罪未遂的可罚性、罪责刑的均衡性以及弥补处罚漏洞等问题。蒋老师认为，滥用职权罪的因果关系不限于直接的因果关系，还包括间接的因果关系。在划定因果关系的范围时，既不在于是否存在介入因素，也不在于是否存在相当因果关系，而在于相应的损害后果是否属于滥用职权罪所拟防止的风险。这一观点与最高人民法院发布的指导性案例确立的裁判规则是一致的。

总体而言，两位老师都是立足于客观归责理论，分别对玩忽职守型渎职犯罪和滥用职权罪的归责原则和判断标准作了有益探讨，理论创新性和前瞻性都较强，对于激发我们进一步深入探讨客观归责理论具有启示意义。

由于我此前长期从事刑事审判工作，目前从事的是刑事辩护工作，因此我特别关注在司法实务中如何运用因果关系理论来指导个案的裁判。我检索了中国裁判文书网上公开的关于滥用职权罪和玩忽职守罪的裁判文书。截至 2021 年 4 月 7 日，滥用职权罪和玩忽职守罪一审刑事判决书的数量分别是 8725 份和 10069 份。滥用职权罪涉及因果关系认定的案例共有 1833 个，其中无罪判决 62 个，提及介入因素影响的 29 个。玩忽职守罪判决中涉及因果关系的案例 3074 个，其中无罪判决 123 个，提及介入因素影响的 35 个。

　　通过分析这些案例，我发现：第一，在渎职类犯罪的裁判文书中，提及因果关系的案件数量在总体案件中占比并不高，滥用职权案件为 21%，玩忽职守案件为 31%。可见，有七八成的裁判文书并没有提及"因果关系"这个概念，这其中的原因无法作出准确分析，我猜测既有可能是辩护律师并没有从因果关系角度提出相应的辩护意见，也有可能是裁判者对律师提出的类似意见没有在判决书中全面记载和回应。第二，在所有无罪判决中，将因果关系作为出罪事由的案例数量较少，滥用职权罪是 4 个，玩忽职守罪是 21 个，七成以上的案件是因为事实不清、证据不足或者不符合犯罪构成要件。可见，因果关系理论在司法实务中的应用还有很大的提升空间。第三，在多因一果的案件中，八成以上司法判决都认为介入因素没有阻断因果关系成立。

　　在渎职类案件的辩护中，滥用职权或玩忽职守行为与危害后果之间是否具有因果关系，常常是引起控辩双方争论的焦点问题。刑法条文对因果关系的表述只用了"致使"二字，司法解释也没有明确规定因果关系的判断标准，在实践中对个案的因果关系如何把握见仁见智。

　　最高人民法院自 2004 年以来陆续在《刑事审判参考》中发

布了一些案例，最高人民检察院近年来也发布了关于该两罪的指导案例。我查阅了《刑事审判参考》《最高人民法院公报》《最高人民检察院公报》以及两高发布的所有指导性案例，找到 5 个关于渎职类犯罪因果关系认定的案例，从中梳理出以下 5 条裁判规则。按照时间顺序，这 5 个案例及相应的裁判规则分别是：

案例 1：龚晓玩忽职守案（《刑事审判参考》2004 年第 294 号）

规则是，判断介入因素是否对因果关系的成立产生阻却影响时，一般是通过是否具有"相当性"的判断来加以确定的。

案例 2：包智安受贿、滥用职权案（《刑事审判参考》2004 年第 327 号）

规则是，滥用职权行为与损失后果之间应当具有直接的、必然的因果关系。

案例 3：李某违法发放林木采伐许可证案（《刑事审判参考》2011 年第 694 号）

规则是，在"一果多因"的情况下，应当通过考察行为人的行为导致结果发生的可能性大小、介入因素对结果发生的作用大小、介入因素的异常程度等，来判断行为人的行为与结果之间是否存在因果关系。

案例 4：杨某玩忽职守、徇私枉法、受贿案（最高人民检察院 2012 年 11 月 15 日发布的第二批指导案例检例第 8 号）

规则是，对危害结果具有"原因力"的渎职行为，应认定与危害结果之间具有刑法意义上的因果关系。

案例5：任尚太、杨柏、黄磊等食品监管渎职案（《刑事审判参考》2016年第1135号）

规则是，只要"重大损失"或其他严重后果是由行为人的渎职行为引起的，无论是直接造成的还是间接造成的，无论其对该结果的发生是起决定作用还是起非决定作用，都认为行为人的行为与结果之间具有刑法上的因果关系。

通过梳理这些案例，我有两点感受：

第一，从指导案例裁判规则的演进变化中可以看出，司法实践中对渎职行为与危害后果的因果关系的认定标准既与刑法学界关于因果关系理论的演进趋势基本一致，又在一定程度上滞后于理论的发展与创新。

上述指导案例294号和327号确立的裁判规则分别对应的是相当因果关系说和必然与偶然因果关系论，指导案例694号对应的是介入因素三标准理论。检例第8号和指导案例1135号则均认可渎职行为与危害结果之间间接的、非决定性的因果关系。这个观点在相当因果关系说的基础上往前突破了一点，我不确定是不是可以概括为"间接因果关系说"。昨天有多位学者提到的2018年北京市海淀区法院2018（京）0108刑初1789号刑事判决书，是客观归责理论在司法裁判中的应用，但这个案例能否突破个案的影响范围，被最高司法机关采纳为指导案例，还有待观察和检验。

虽然因果关系理论的最新发展在司法实务中还没有得到普遍认可，但刑法理论学说对裁判活动的指导和引领作用仍然是不可忽视的。因此，刑法学界加强对司法判例的研究，刑法学者与司法实务工作有更多机会在像本次论坛这样的平台交流思想、碰撞观点，相信未来实务界与理论界会有更深度的融合。

第二，刑辩律师要加强刑法理论学习，努力提升理论水平，才能更好地应用理论来指导辩护实务。只有当我们熟练掌握了刑法理论武器，才能在个案的辩护中提出更有针对性、更有说服力的观点。

从检索的案例来看，司法实践中认定的渎职类犯罪往往有两种不同情形：一种是行为人在日常监管中因为履职不负责、不认真，导致没有发现被监管对象或其职责范围内存在有关违法行为（如生产销售有毒有害食品等），另一种则是行为人发现了相关违法行为但没有进行查处，或者查处后没有严格按照法律法规作出相应的处罚行为。我认为，这两种情况下行为人对危害后果的认知是有明显区别的。前者虽然也存在一定程度的渎职行为，但因行为人对违法行为的客观存在不明知，对相应的对危害结果就没有预见可能性，这种情况下的渎职行为究竟能否作为刑事犯罪对待是值得商榷的。在司法实践中仍然有不少案例，因为履职行为与危害结果的发生不具有直接的、必然的因果关系，被法院认定不构成犯罪。

指导案例1135号中确立的"间接、非决定性"因果关系规则究竟是只适用于食品监管渎职这一类犯罪，还是可以扩大到其他渎职类犯罪中，尚值得斟酌。鉴于药品安全与食品安全几乎处于同等重要的地位，有毒有害食品和假冒伪劣药品对人民群众生命安全和身体健康的威胁难分伯仲，因此如果将"间接、非决定性因果关系"也纳入刑事打击范围，应该严格限定为食品监管渎职罪和药品监管渎职罪，而不应无限扩大到除此之外的其他渎职类犯罪。

主持人：陈庆安

感谢刚才四位评议人的精彩评议，我对刚才两位发言人的主题报告持一种比较开放式的态度，而不是先预设立场，主要看论证是否充分。关于李世阳老师的观点，他对目前"严重不负责任"的性质进行了一些研究和分析，我的疑问是，客观不法和主观相结合的性质，和目前学界的主客观相统一的观点之间的区别是什么？针对蒋太珂老师的观点，大家对他将滥用职权罪当作过失犯罪的观点提出了不同的看法，我认为是很好的。理论上，作为刑法的研习者不怕有问题，就怕没问题。

三、自由讨论

主持人：付立庆

考虑到后面还有闭幕式的环节，并且有嘉宾可能要下午离会，所以，我们自由讨论时间压缩到 20 分钟。我的任务是介绍另外两位主持人，然后请欧阳本祺老师谈谈他的看法，剩下的时间由高艳东老师主持。下面先请欧阳本祺老师谈谈他的看法。

主持人：欧阳本祺

我对于因果关系理论也有一定的研究。通过两个半天的会议，我们的研究确实徘徊于问题研究和体系研究之间，这也体现出因果关系判断是一个很具体也很有差异性的问题。尤其是昨天的人身犯罪和今天的职务犯罪，它在间接性和间隙性方面都有很大的差异，所以，我们研究因果关系这个主题是为了解决具体的问题。但是我们刑法学的理论研究追求一种体系，所有的学者都希望能够建构一个自洽的理论体系。条件说、相当因果关系说、客观归责理论、危险现实化理论等，这些因果关系的体系的学说，当然有一定的意义。但是，这种体系与三阶层的犯罪构成体系、共犯体系之间，不是同一层次的问题，它们的争论主要是在体系内部，是构成要件内部的争论。

这种关于因果关系的体系争论，既存在于各个体系之间，也是各个体系内部相当因果关系的客观说、主观说，以及客观归责理论构成要件的争论，这也使问题变得更加复杂。但是我的一个基本观念是这些理论体系需要我们去思考研究，但是，所有研究的落脚点都是为了解决问题。相对于体系研究而言，我觉得问题的研究和解决可能更重要。

主持人：高艳东

本来有四位主持，还有一位钱叶六教授，是 F4，现在变成三人了。他们俩都是大咖，学术造诣比我深，我们的功能主要是节省时间，并且为下一个阶段做好铺垫。尽管会议是严肃的，但是我们可以欢乐一点。我提议后面的自由讨论，请没有发言过的老师，一人通过三句话表达观点以节省时间。我们更欢迎发言人到前面的台上来跟大家进行交流。

嘉宾：王鹏飞

我是来自西北政法大学的王鹏飞。针对王钢老师的报告，我的第一个感受是其着眼于渎职犯罪中存在的危害结果和行为之间的时间间隔，然后通过追诉时效的原理予以解读。对追诉时效的解读，涉及该制度设计的规范目的是什么，我个人认为该制度是基于人身危险性进行的设计。从这个角度来讲，《刑法》第88条、第89条体现得非常明显，追诉时效制度和因果关系、客观归责其实是有本质区别的。第二个感受是从关联性角度来说，客观归责体系是构成要件追责的问题，另一个是以罗开卷庭长为代表提出来的，认为解决结果与行为之间的关系，与需罚性、处罚必要性是两个层面的问题。第三个感受是对于过失的危险犯，是否在客观归责理论上有存在空间呢？我想听听各位教授的看法。

嘉宾：陈珊珊

我是来自苏州大学的陈珊珊。我想请教一下王钢老师，您的结论——相应罪行对规范效力的损害在时间的流逝中日渐消散，是否能够证成，我是有疑问的。对罪行的需罚性是否定还是削减，肯定会得出不同的结论。刑法的目的是对法益的保护，随着时间的流逝，法益的保护是否同样消散，或者说王钢老师对于犯罪本质的看法，是规范违反说，而不是法益侵害说。又或者说，对于时间的考虑只限于渎职类的犯罪类型，只是一种例外而已。

嘉宾：徐万龙

我是来自浙江大学的徐万龙，我用三句话向周啸天老师提一个问题。被判刑的人本来不属于危险源，因为在规范的世界里我们不实施犯罪行为才是符合规范期待的。但问题是法官在量刑的时候恰恰会考虑行为人的再犯可能性和人身危险性。对于已经实施了犯罪行为的人，我们恰恰是预估他会犯罪，而不是预估他不会犯罪。对于已经实施犯罪行为的人，我们恰恰不会对他不实施犯罪存在期待。

嘉宾：蔡　颖

我是来自武汉大学法学院的蔡颖。我想请教一下王钢老师一个问题。刚刚有位老师提出了一个问题，对于法规范的违反，如何通过时间的流逝而消失。您实际上是区分了行为规范和裁判规范，对行为规范的违反当然不会随时间的流逝而改变，但是否因为时间的流逝而导致进行裁判的必要性降低？

嘉宾：邹兵建

我是来自南开大学法学院的邹兵建。我同样有一个问题想问王钢老师。我想问，到底是时间导致了不法程度的降低，还是因为时间背后的某种因素导致不法程度的降低？我举个例子，张三研制了一种毒药，这种毒药无色无味，吃下后需要20年才发作。张三向李四投放这种毒品，李四喝下毒药 20 年后死亡，按照王钢老师的观点，是不是就会认为李四的死亡结果无法归责于张三？

嘉宾：马卫军

我是来自宁夏大学的马卫军，我有一个观点跟王钢副教授有所不同。王钢副教授认为随着时间的流逝，法规范的有效性或者法规范的违反会消失或者削弱。其实规范的违反在行为人滥用职权的时候就已经成立，这个时候所谓的规范效力削弱实际上是不存在的，如此通过时间论证的话，有可能使法规范的违反以及规范的确认被主观化，成为人们的一种主观感觉。所以，我个人认为，这可能实际上是基于一种预防必要性的考量。

嘉宾：王华伟

我是北京大学法学院的王华伟。我也用三句话总结一下我的感受：第一，滥用职权罪应当引入要素分析法；第二，要素分析法是指在犯罪构成的意义上应当对行为和结果采取不同的罪过形式，然后再进行整体的分析，确认犯罪整体的罪过性；第三，重大损失要件，虽然是不法要素，但是它是一种弱的不法要素，因果关系和归责的程度应当要相应地进行弱化和教义学的理论建构。

主持人：高艳东

我们请王钢副教授回应一下。

报告人：王　钢

非常感谢"陪审团"给我一个回应的机会。我觉得刚才大家提了很多问题，本质实际上都是相同的，即刑事不法到底是构建出来的东西，还是本身就客观存在的东西？如果大家觉得我的观点很难理解的话，只要把握一点就好，那就是刑事不法是构建出来的。我们人文社科所理解的价值都是人的构建，不是说客观上有一个不变的刑事法摆在那里，等着我们去发现它。我们是根据当前法治维护的需要，而把以前的一些事情挑出来，把它认定为刑事不法，并且通过刑法加以回应。

刚才很多同人和老师的问题，从这个角度去把握的话，或许大家可以理解我的结论。

主持人：高艳东

接下来"陪审团"决定不许再问王钢老师问题了。有请盈科所的律师代表。

嘉宾：盈科律师

我是盈科上海的一名律师，刚才主持人说了不准再问王教授问题，我针对王教授讲的一个观点发表一下我自己的看法。王教授认为规范违反之后侵害了法益，危害结果延迟，延迟结果之后再发生。我认为违反国家的法律规定就是侵害了法益，行为人已经渎职实施了侵犯行为，并且已经实现了侵害法益的结果，后来案发只是把事件揭露出来了，因此，事件发生之后还需要进一步进行因果关系的论证。

嘉宾：车　浩

正好利用这个机会，因为后面没有机会说，给我个人印象最深刻的还是三位老师——陈璇老师、王钢老师和周啸天老师，以及盈科所的 4 位律师代表。他们对整个演讲过程做了精心的准备，给人印象深刻。刚才王钢老师的报告引起了大家的兴趣和关注，做了很好的榜样。我们以后受邀参会的学者应该有这样的精神。即使水平很高，在这样一个舞台上，也还是要更加珍惜表现自己的机会。

主持人：高艳东

经过我们"陪审团"的"裁决"，自由讨论告一段落。我们集体研究决定，由付立庆教授做"最后的陈词"。

主持人：付立庆

第一点，关于因果关系的问题，刚才欧阳本祺老师特别提到了体系性思考的问题，包括即便是在阶层式体系中加以考虑，归因、归责到底分不分开，都会产生影响。今天讨论的职务犯罪的因果关系问题，将滥用职权罪理解为故意犯罪或是过失犯罪，对于它的因果关系的认定会产生哪些影响，即对主观罪过形式的认定对因果关系会产生什么影响，可能跟体系性思考分不开。

第二点，对因果关系的认定来说，一种相对性的思考也是必要的，对于不同犯罪的因果关系认定可能要有不同的标准，有些犯罪的因果关系要更严一些。另外，一些犯罪的因果关系认定相对要宽松一些，包括直接因果关系、间接因果关系的判断，也会产生影响，包括人身犯罪的因果关系和职务犯罪的因果关系认定，坚持的标准并不一致。

第三点，客观的因果关系和规范的判断两者之间，刚才王钢老师说刑事不法是建构出来的还是客观存在的，两者之间到底是什么样的关系，是不是一说规范判断就否定了因果关系的客观性等，这些也都是特别值得研究的问题。

闭 幕 式

主持人：马寅翔（华东政法大学刑事法学院副教授）

总结人：李世阳（浙江大学光华法学院副教授）

赵春雨（盈科全国刑事诉讼法律专业委员会主任）

致辞人：于改之（华东政法大学刑事法学院教授、《法学》副主编）

陈兴良（北京大学法学院教授）

一、会议总结

主持人：马寅翔

大家中午好！

我们第二届全国青年刑法学者实务论坛到此走到了尾声，接下来有请浙江大学光华法学院的李世阳副教授，对昨天和今天的两个会议作一个总结。

总结人：李世阳

感谢各位嘉宾，伴随着两个单元四场报告和评议的结束，第二届全国青年刑法学者实务论坛来到了闭幕环节。这两天我一直在做笔记，利用这个时间分享一下各个环节的精彩瞬间。

第一单元围绕人身犯罪的因果关系展开。在第一场报告当中，陈璇教授通过力素与心素，塑造了标准人的肉身与灵魂，让一个有血有肉的标准人呈现在我们面前；丁胜明副教授主张司法鉴定意见只是参考性的，不应该无条件地采纳。在评议阶段，曾文科副教授主张解释学上的解决方案；敬力嘉老师强调过失犯与故意犯在行为规范的构造上不一样；胡春健主任强调理论与实务的结合度；王宇主任表达了对客观归属的接受态度。在第二场报告当中，李川教授主张结合实践案例对医疗介入行为导致人身伤害案件的因果关系进行分类探讨；孙运梁教授对客观归责理论在司法实践中的运用情况进行了分析，还利用报告的"职务之便"宣传了他刚出版的新书。在评议阶段，李波副教授指出，不必硬性地区分事实归因与归责；张志钢老师表露出对客观归责理论很可能会包办一切的担忧；黄冬生检察长认为司法实践是一种判断，判断需要有清晰的标准；康烨主任相信客观归责理论在司法裁判中会有优势。

第二单元围绕渎职罪的因果关系展开。王钢副教授认为在渎职犯罪的危害结果延迟发生之后，其中的危害结果因时间间隔而不再归属于行为人；周啸天教授在渎职罪因果关系的判断上提出了不抵消风险原则，并提出了两个细化标准。评议阶段，蔡仙老师表达了对时间如何削弱规范有效性的疑问；曹化检察长认为只有当介入因素同时满足了独立存在和独立导致危害结果这两个条件的时候，才有可能中断因果关系；黄伯青主任以动态的视角来考察因果关系；艾静主任为我们分享了一个亲身经历的案件，强调了司法工作人员良知的重要性。第二场报告中，我认为玩忽职守型渎职罪是一种不作为重过失犯，而蒋太珂老师认为，不论是滥用职权罪还是玩忽职守罪，都是过失犯。在评议阶段，谭堃副教授特别强调因果关系判断应具有可操作性；王涛主任认为应当区分滥用职权罪与玩忽职守罪，两者的因果关系判断并不一样；俞小海科长认为渎职罪的因果关系判断应把握渎职行为对结果的作用力；肖兴利主任为我们展示了司法裁判中渎职犯罪无罪判决的实际情况，并梳理出了 5 个具体的裁判规则。

以上是我的总结。

主持人：马寅翔

非常感谢李世阳副教授简练精准的总结！接下来有请另一位总结人，盈科所的赵春雨主任。

总结人：赵春雨

整个论坛当中我一直想，要去总结什么，后来发现我真的没有时间总结，我听都听不过来。在此表达一些我这几天在上海的感受。

好花待君赏，人间四月天。我从北京来到上海，一路繁花似锦，春意盎然。虽然受疫情的影响，无缘华政校园的鸟语花香。但是，第二届全国青年刑法学者实务论坛百花齐放、桃李芬芳，足以让人流连忘返。在此，请允许我再次代表盈科所，向学界与实务届的嘉宾致以由衷的敬意，大家辛苦啦！

2019 年金秋，首届全国青年刑法学者实务论坛在浙江大学惊艳了时光，今天我们欣喜地看到本次论坛传承了、也超越了上一次论坛，由衷感谢陈兴良教授与车浩教授的精神引领，身体力行；由衷欣赏青年刑法学者深耕细作，才华横溢；由衷感佩上海政法实务专家高屋建瓴，深入浅出；由衷感谢《法学》编辑部倾情承办，费心劳力；由衷骄傲我的盈科小伙伴们锲而不舍，精益求精，在舞台上绽放光彩！

接下来我想用"初心""反思"和"建议"这三个关键词完成我的总结发言。

（一）初心

第一个关键词是"初心"。车浩教授的初心，是为全国青年刑法学者搭台，致力于发声、选秀和融合三大目标。而我的初心，基于担当、赋能和鞭策三大诉求。

"青年兴，盈科兴"的文化导向，盈科在中国 91 家分所的战略布局，让我们有诚意，并且有能力参与全国青年刑法学者实务论坛的品牌建设。此为担当。

在实践当中，我们律师习惯于就案论案，然而案案各不同，横看成岭侧成峰。从具体到抽象、从个性到共性、从碎片到立体，需要刑法理论的加持。此为赋能。

经常有人问，参加论坛能学到什么？其实，参加论坛的意义不仅在于学到什么，更在于认识到自己该学习了，如杨绛先生所说，我们的问题，往往在于读书太少，而想得太多。此为鞭策。

（二）反思

第二个关键词是"反思"。本次论坛嘉宾多次提及问题意识，随着议程的推进，三个问题在我脑海中逐渐清晰。

第一，检察官、法官希望用理论指导实践，但是，由于话语体系不同、思考维度不同、工作任务不同，他们对于欠缺实用性的理论存在一定的排斥。第二，学界希望用实践来检验理论，渴望理论在实务界的共鸣。但是，侧重于实务的理论是否符合期刊的刊发需求，学者存在一定的纠结。第三，我们律师希望从学术著述和判决书中获得滋养，然而文章常感晦涩，判决书说理过于简约，律师们存在一定的迷茫。正因如此，学界与实务界互动融合的重要性与必要性不言而喻。路漫漫其修远兮，全国青年刑法学者实务论坛必将上下而求索。

（三）建议

第三个关键词是"建议"。在首届论坛的时候，我提出了三点期待：一是期待学者发言的时候能够增加对案例的研判，本次论坛我看到学者讲的案例比控辩审三方还多。二是期待发言人的语速能适当放缓，以便听众消化理解。本次论坛的节奏整体非常好，而且很多发言人都做了PPT。三是期待全国青年刑法学者实务论坛受到更为广泛的关注，能有更多的嘉宾参与进来，本次论坛规模翻倍了。

如此求仁得仁，我今天还要许下心愿：

第一个是契合性。希望在下一届论坛当中，我们在邀请嘉宾的时候能够更加关注学者的研究领域和实务界嘉宾的业务领域，这样的话可以减少备课难度，增加火花碰撞。

第二个是活跃性。希望下一届论坛当中，我们现场的观众能够提前准备自己的互动内容，不打无准备之仗，以期增加阐述的深度和观点的碰撞，多元让我们能够拥有更多的收获。

第三个是前瞻性。希望我们名校的专家学者们，在为自己学生授课的时候能够去引导他们的理论学习，从娃娃抓起，让未来的检察官和法官们能够提升文书说理的自信与说理的能力。

最后，我想用一段话作结，与大家共勉。巨海纳百川，麟阁多才贤。全国青年刑法学者实务论坛凝聚智慧、肩负使命，希冀我们守正初心，乘风破浪，薪尽火传，不负韶华。

主持人：马寅翔

谢谢赵春雨主任，围绕着"初心""反思"和"建议"，对我们这次论坛作出了总结，提出了期盼。2019 年我们举办首次论坛的时候，赵春雨主任的致辞就让我印象深刻。每次听赵春雨主任的致辞都折服于她条理清晰、得体生动的表达。

二、闭幕致辞

主持人: 马寅翔

接下来，我们进入本届论坛的最后一个环节，那就是闭幕致辞。首先欢迎华东政法大学刑事法学院的于改之教授致闭幕词。

致辞人: 于改之

谢谢马寅翔老师！本次大会是十分成功的，参加大会的人数有 200 多人，学术氛围非常浓厚，实践的特色也非常突出，我们来自学术界和实务界的专家学者都发表了自己的真知灼见。

本次会议的成功有赖于全体参会人员的积极参与，首先我们要感谢车浩教授、赵春雨主任对我们华东政法大学《法学》编辑部和刑法学科的信任，车浩教授出于对中国青年刑法学者的提携，推动了全国青年刑法学者实务论坛的成立和召开，由此开启了刑法理论和实践活动的融贯。我们华东政法大学刑法学科的师生，通过参与整个活动，不仅领略到了大师和各位青年刑法学者、实务专家的风采，更重要的是也体会到刑法理论的真意，以及刑法研究的魅力，对鼓励我们进行最新的理论探索，具有重要的影响。

特别感谢陈兴良教授对本次活动的大力支持，青年学者的成长离不开前辈学者的培养和提携。陈老师出于对青年学者的关爱，每次都参加论坛，为我们青年刑法学者站台，令人感动。昨天下午看到陈老师自始至终参与会议，面露疲色，我和车浩教授都感到非常心疼，让他回房间休息他也不肯。在此，我们以热烈的掌声向陈老师致敬！

此外，要感谢以白岫云编委为代表的期刊界同人、以杜宇教授为代表的"70后"学者甘当绿叶！感谢以胡春健主任为代表的政法实务专家！感谢本次的主角——"80后"青年刑法学者的积极参与！感谢来自盈科所的律师同人们！

最后感谢以马寅翔老师为首的会务团，本次会务是由刑法硕士生来承担的，主要由马老师来组织，虽然我们竭尽全力想把会议办好，但是由于首次举办这么大规模、高规格的学术会议，经验不足，不周之处还请大家多多包涵。

最后，祝愿各位嘉宾返程顺利，祝愿2022年在武汉大学召开的盈科第三届全国青年刑法学者实务论坛圆满成功！

主持人：马寅翔

谢谢于改之老师！作为本次论坛的策划者，于老师和车老师一直对我关爱有加，非常信任，对于会议过程中出现的纰漏也给予我宽容、鼓励，一直以来对我个人发展成长提供了非常宝贵的机会，借此机会向两位老师表示衷心的感谢！

接下来我们有请本次论坛的压轴人物，北京大学的陈兴良教授给大家做闭幕致辞。

致辞人：陈兴良

各位来宾，我们会议已经进行到最后结束的阶段了，经过两个半天充实而热烈的讨论，我们第二届全国青年刑法学者实务论坛已经告一段落。我们这个论坛不仅有以"80后"为主的青年学者，而且司法实务人员也前来参加，在这两个半天的讨论中，他们共同对刑法中的一些基本理论问题进行了讨论，应该说内容是非常充实的。这些讨论不仅对于将来理论上的研究有所促进，而且对于司法实务也会产生一定的影响。

这次论坛虽然是一个青年学者的学术论坛，但是，却有青年学者、法官、检察官和律师们共同参与，充分体现了学术论坛的开放性。其实理论和实务之间的关系不应该是隔阂的，而应该是融合的。现在刑法理论的发展，越来越重视司法实践。刑法理论研究要建立在中国的立法与司法基础之上，只有这样，我们的刑法理论才是有前途的。

虽然这次论坛的议题是因果关系，这是一个基本的刑法理论问题，但是我们在讨论题目设置的时候分了两个专题，也就是人身犯罪的因果关系和职务犯罪中的因果关系。今天上午讨论的职务犯罪中的因果关系这个内容，可能和我们司法实务结合得更加紧密。从理论上来说，职务犯罪中的因果关系，包括业务犯罪中的因果关系问题是比较复杂的，因而也是更值得研究的。

通过这种讨论，我们对刑法中的某些问题达成了一定的共识，将来在司法实践当中处理一些案件时，这些共识能够推动我们在某些问题上形成共同见解，这对于法官、检察官和律师的办案都是有一定帮助作用的。

我今天有一个感触，在十多年前，我们理论和司法实务之间的脱节还是比较大的，这尤其体现在一些案例当中。比如说，我们今天上午讨论的广东法官的案件，一审判无罪，二审维持无罪判决。但是，在论证的时候，逻辑首先是被告对于死亡结果发生没有主观上的认识可能性，其次再说他正确履行了职责，没有玩忽职守行为，最后才说他的行为和结果之间没有因果关系。这样一种论证逻辑，从今天的理论观点来看，我觉得显然是很难成立的。因为你首先要考虑的是行为，他到底有没有正确履行职责，如果正确履行职责了，构成要件都没有成立，更不需要讨论因果关系。但是，我们过去司法实务当中往往存在先做主观判断，后做客观判断的做法。在我们律师当中也存在这样的思路，有些律师写一个材料，上来就说被告人没有合同诈骗的主观故意。实际上，正确的逻辑应当是先说客观上有没有合同诈骗行为。

这些思维上的混乱，过去在实务当中是存在的。但是在这两天讨论当中，来自实务界的同人，有相当一部分是近十年来进入到实务部门的法学博士、硕士，他们将在学校所学到的理论和实务紧密地结合起来，这样就使我们的法律共同体逐渐形成，我们司法实务人员和学者在具体问题的讨论上更容易站到一起，能够互相沟通、进行辩论。只有这样，我们的理论才能逐渐向实践靠拢，或者向实践渗透，由此促进我们司法实践的发展。我们这个论坛在理论联系实践方面，起到了一个很好的作用，这也是其他类似论坛所没有的一个特点，我希望将来我们能够继续保持下去。我们这个论坛不仅要培育出青年学者，也要紧密和司法实务联系起来，讨论司法实务当中的难题。

刚才于改之教授也说了，我们明年是第三届论坛，在武汉大学召开，我希望明年有机会和大家一起来参加我们第三届的实务论坛。

主持人：马寅翔

非常感谢陈老师！尽管陈老师要赶飞机，但他还是牺牲个人时间，为我们传道、授业、解惑。陈老师一直率先垂范，自始至终地坚持参与了整个会议流程，这不仅是对我们青年刑法学者的关爱，同时也是对我们青年学者的鞭策。我要借此机会，祝陈老师身体康泰，龙马精神！

虽然我们的论坛名称是全国青年刑法学者实务论坛，但正如刚才陈老师所说，从第一届开始，我们邀请的嘉宾就包含了刑法理论界、司法实务部门和律师同人。正是由于他们全程参与其中，我们的论坛实际上可以被称为全国刑法职业共同体实务论坛。相信在刑法职业共同体的共同努力下，我们的论坛会越办越好。

最后，再次感谢各位领导、各位刑法职业共同体的同人拨冗出席本届论坛！同时，也非常感谢为本次论坛辛苦付出的各位会务同学！有了大家的共同努力，我终于可以在最后说一句："各位嘉宾，本届论坛圆满结束。"

谢谢大家！

图书在版编目（CIP）数据

因果关系的理论与实务：全国青年刑法学者实务论坛. 二 ／ 车浩，于改之主编. —北京： 北京大学出版社， 2022.6
ISBN 978-7-301-32997-9

Ⅰ. ①因… Ⅱ. ①车… ②于… Ⅲ. ①刑法—因果性—学术会议—文集 Ⅳ. ①D914.01-53

中国版本图书馆 CIP 数据核字（2022）第 071195 号

书　　　名	因果关系的理论与实务：全国青年刑法学者实务论坛（二）
	YINGUOGUANXI DE LILUN YU SHIWU：QUANGUO QINGNIAN XINGFA XUEZHE SHIWU LUNTAN（ER）
著作责任者	车　浩　于改之　主编
责 任 编 辑	杨玉洁　靳振国
标 准 书 号	ISBN 978-7-301-32997-9
出 版 发 行	北京大学出版社
地　　　址	北京市海淀区成府路 205 号　100871
网　　　址	http://www.pup.cn　http://www.yandayuanzhao.com
电 子 信 箱	yandayuanzhao@163.com
新 浪 微 博	@北京大学出版社　@北大出版社燕大元照法律图书
电　　　话	邮购部 010-62752015　发行部 010-62750672
	编辑部 010-62117788
印 　刷 　者	天津和萱印刷有限公司
经 　销 　者	新华书店
	650 毫米×980 毫米　16 开本　17.75 印张　199 千字
	2022 年 6 月第 1 版　2025 年 9 月第 2 次印刷
定　　　价	59.00 元